JN118354

「人類の目覚め」へのガイドブック

「実存的変容」に向かう
小さな一歩を踏み出そう

Guidebook to the "Awakening of Mankind"

天外伺朗

内外出版社

まえがき

はじめて聞いた方は少し戸惑うかもしれませんが、人類社会はいま、あるひとつの大きな波に直面しています。それは、人によっては、希望にあふれた「人類の目覚め」に見えます。しかしながら、いままでの社会秩序が崩れますので、大災害をもたらす津波と見る人もいるでしょう。

この大きな波というのは、具体的には人類全体が意識の変容の、極めて大きなステップを上がることを意味しています。たかが、意識の変容と思われるかもしれませんが、いままで何百年もの間、人々が固く信じて疑わなかった常識が次から次へと雪崩のように崩れていくことが予想されるので、社会の大きな混乱は避けられないと思います。

また、新しい常識を身につけた人たちと、それと正反対の旧来の常識にしがみついている人たちとのギャップが、たとえようもなく大きく広がってしまうでしょう。

本書には、いまこれを手に取っているあなたが、まずはこの波の到来を知り、準備ができること……できることなら、無事に変容を遂げて、新しい常識を身につけること……少なくとも、旧来の常識にしがみついて、抵抗勢力になり、悲惨な人生を歩むことがないように……などといった祈りが込められております。

ひとりの人間が、おぎゃあと生まれてから大人になっていく過程は、身体的な成長だけでなく、意識レベルも大きく成長・発達しますね。それとまったく同じように、人類全体の意識レベルも、マンモスを追っていたころから、次々に階段を上がるようにステップアップしてきております。

過去の意識の進化・発達は、「認知考古学」という学問を参考に「トランスパーソナル心理学」が読み解いてきました。さらには、いずれ人類全体が、仏陀（ぶっだ）やキリストのレベルに達するだろうという仮説を提示しています。その仮説から、これからの人類の意識レベルの進化が明確に予測できます。

そしていま、人類は過去に上ってきたいくつかの階段より、はるかに大きな階段を上ろうとしていることが明らかになってきました。それは天外が勝手にいっているわ

けではなく、名だたる研究者が等しく指摘しております。(注)

脚注で紹介した研究者たちは、いずれも根拠と論理的整合性を大切にして説いていますので、私は「学問系」と呼んでいます。天外もそのひとりです。

一方、それとはまったく別に、チャネリングで降りてきた情報をそのまま語っている人たちもいます。こちらはスピリチュアルを意味する「スピ系」と呼ぶことにしましょう。

いままで、「学問系」と「スピ系」は激しく分離しており、出会うことはほとんどなかったのですが、2019年5月28日に東京で行われた天外伺朗と並木良和さんのジョイント講演会では、その背景や前提条件の説明が大きく異なるにもかかわらず、語られる意識の変容の中身はほとんど重なっていることがわかりました(並木良和、天外伺朗共著『分離から統合へ…「人類の目覚め」を紐解く二つの異なる切り口』、ナチュラルスピリット、2019年)。

「学問系」と「スピ系」に共通の言葉として「人類の目覚め」という表現を提示しました。

さて、以上のように、学問的視点、チャネリング情報の両面から、いま人類は大きな目覚め（意識の変容）に直面していることが見えています。

一人ひとりの個人も、社会全体も、この変容の影響を強く受けるでしょう。もちろん、まだ変容の入り口まで達しておられない方も数多くお見受けするし、はるか先まで行っておられる方も、ちらほらといらっしゃいます。でも、この変容が人類全体の潮流だとしたら、あなたもそのどこかのポジションで巻き込まれることは避けられません。

（注：たとえば、『ティール組織』（英治出版）を大ヒットさせた、フレデリック・ラルーは、それを「グリーン」から「ティール」への変容といい、その元になった、クレア・グレイブスの「スパイラル・ダイナミクス」では、「ティア1：生存のレベル」から「ティア2：存在のレベル」への変容、ロバート・キーガンの「成人発達理論」では、「発達段階4：自己主導段階」から「発達段階5：自己受容、相互発達段階」などと呼んでいます。ケン・ウイルバーは、最近では12の領域ごとの成長・発達に主張を変えておりますが、初期の作品（『アートマンプロジェクト』）では、同じことを「後期自我」から「成熟した自我」への変容と語っています。巻末資料1参照）

天外は、同じ内容を「ディープ・グラウンディング」という言葉をねつ造して説いてきましたが（拙著『教育の完全自由化宣言！』飛鳥新社、『非常識経営の夜明け』講談社、共に２００８年）、あまり世の中の理解は得られませんでした。ごく最近「実存的変容」という心理学の言葉をそのままむき出しで使う決心をしました（拙著『実存的変容：人類が目覚め、ティールの時代が来る』内外出版社、２０１９年）。

本書は、そんなあなたが「実存的変容」へ向かうためのガイドラインとして企画されました。それが、タイトルの『「人類の目覚め」へのガイドブック』になっています。

「実存的変容」のひとつ手前のレベル（K・ウイルバーのいう「後期自我」、R・キーガンのいう「発達段階4」）は、R・キーガンによれば、人口比率は20％です。いまの日本社会の上層部、リーダークラスは、ほとんどこのレベルです。そうすると、お手本がたくさんあるわけで、そのレベルまで成長できる仕組みが、社会に内包されています。いいかえると、ごく普通にお仕事をして、社会生活をしていると、そのレベルまでは到達できるのです。

ところが、R・キーガンは「実存的変容」を超えて「発達段階5」に達した人の割合は約1％だ、といっております。

ということは、そこまで達しているお手本になる人の数は極めて限られており、普通に社会生活をしていても「実存的変容」に向かうことはできません。

私は「天外塾」というセミナーで、15年前から経営者を中心に「実存的変容」に向かうためのお手伝いをしてきましたが、各種の瞑想ワークを駆使して、いわば「修行」として変容を進めてまいりました。

この15年で、社会はどんどん進化してきており、「実存的変容」を超えた人の割合が飛躍的に増えたように思います。「天外塾」でも、長期間の修行をしなくても、ちょっとしたヒントだけで変容する人が増えてきました。

もう、覚悟を決めて大上段に修行を始めるのではなく、ごく普通の日常生活の中から、細かい気付きを拾い出していく、という手法で変容に向かえる時代が来たように思います。ちょっと注意力の感度を上げる必要はありますが、努力はほとんどいりません。時間はかかりますが、薄皮を一枚一枚はがしていくように、古い滓(かす)を流し、葛藤が減り、認識のフィルターがクリアになり、そして魂が光り輝いていきます。

本書の第1部では、そのような誰でも簡単に踏み出せる「小さな一歩」の提案です。いずれも、ちょっとした注意や、ごく簡単なワークであり、何の予備知識もいらず、誰でも簡単にすぐに実行できるものばかりです。

しかしながら、「実存的変容」というのはかなり大きなステップですので、その前後では物事のとらえ方が大きく変わります。冒頭で述べたように、それはいままで何百年と、社会全体が強固に信じてきた一般常識が180度ひっくり返ることを意味しております。

ここに記した「小さな一歩」は、いずれも「実存的変容」を超えたレベルの常識を前提にしているので、皆さんの目から見ると、とても非常識に映るでしょう。ちょっと驚かれ、飲み込みにくいと感じられるかもしれませんが、否定をせずに粛々と実行していただけたら幸いです。

自覚していない方が多いですが、「実存的変容」以前の方は、「怖れと不安」に追い立てられて人生を送っております。「怖れと不安」は、がんばり、努力、向上意欲などの源泉ですから、学校でも会社でも、そこを刺激してがんばらせようとします。そのために人は能力を向上させてくるのですが、同時に「自己否定感」も育ってしまいます。「自己否定感」の反作用として、自分を強く、正しく、立派に見せようとする力学も働いていいます。

そういう精神構造から、「いい・悪い」、「正義・悪」、「成功・失敗」などを分離して認識するのが常識になっています。

「実存的変容」を超えると、「怖れと不安」が消えるので、これらの区別がなくなります。また未来に対する不安がなくなるので、目標や計画が不要になり、結果に対する執着もなくなります。結果にこだわらなくなれば、「責任」という概念が消滅します。

これらの一連の変容は、「実存的変容」以前には、とても想像できないでしょう。

第2部は、第1部の「小さな一歩」で効果が確認できた方のために、それよりも、もう少し本格的な修行について紹介しています。天外塾で使っている方法論も一部載せました。これらを実行すれば、変容はさらに加速するでしょう。

詳しい個別の指導をご希望の方は、「天外塾」で提供している各種セミナーの受講をご検討ください（15章参照。どなたでも受講できます。個人セッションは提供しておりません。詳細は　www.officejk.jp）。

本書は、何の予備知識もない一般の方が気軽に「実存的変容」に向かう旅に出発できるように、でき得る限り平易に書きました。これらのワークを実施する上で、知識はまったく必要ありません。深層心理学に基づいておりますが、理論的な説明は、なぜそのワークが有効かを説明するための必要最小限にとどめました。人間の意識の成長・発達の全体像に関しての詳細な説明にご興味ある方は、巻末資料1をご参照ください。また、「実存的変容」が深まった人の特徴を箇条書きにして、巻末資料2に示しました。

いま私は、湘南の茅ケ崎市に住んでおります。海岸に行くと、一年中大勢のサーファーたちが波間にぷかぷかと浮いております。いい波が来ると、何人かがそれに乗って滑っていきます。

冒頭で述べたように、いま人類全体は、世界的に「実存的変容」という極めて大きな波を迎えようとしております。波にまかれて大変な目に遭う方も出てくるでしょうし、何事もなく波をやり過ごす方もいるでしょう。でも、できることなら上手に波に乗っていきたいものですね。

そのためのガイドブックとして、本書がお役に立てたら幸いです。

もくじ

第2部

少し本格的な修行をしてみよう！　123

カバーデザイン　小口翔平＋岩永香穂（tobufune）
本文デザイン・ＤＴＰ　小田直司（ナナグラフィックス）

第1部

日常生活の中でのちょっとした気付き、小さな一歩

第1部では、ごく普通の日常生活を送る中で、ほんのちょっと気を付けること、注意すること、あるいはごく簡単なワークについてお伝えいたします。ここで記述したことを全部実行する必要はなく、気が付いたら、この中から一つ二つを気軽にやってみてください。気張らずに、無理なく、自然に、淡々とスタートしてください。

これらは、いずれも意識レベルでのワークですので、心の奥深く届くためには、繰り返しが必要です。何十回というレベルではなく、何百回か繰り返すと、ようやく効果が実感できるはずです。全体で10のワークをご提案しております。

これらに共通するひとつの原則があります。それは、ネガティブな情動をなくそうとして否定すると、かえって心の底に押し込まれ巨大なモンスターになってしまうということです。これは、深層心理学ではよく知られている現象です。

ネガティブな情動も自分の一部であり、それを切り離そうとすると「分離」が深まります。否定しないで、むしろ自分の中にしっかりと取り込んでいくことで「統合」が進みます。「分離」から「統合」に向かうのが「実存的変容」です。

1章

「いいも悪いもないですよ！」

講演会の後などで「……でいいでしょうか？」で終わる質問をきわめて頻繁に受けます。質問内容は様々です。自分のやっていることが正しいかどうか、こんな反応が出てきたけど何か不安、子どもの態度がおかしいのではないか……などです。

私は原則として質問内容にはお答えしません。その代わりに、いつも同じ言葉を返します。

「いいも悪いもないですよ！」

質問者は期待した答えと違うのできょとんとしています。無理もありません。勇気を振り絞って質問をしたのに、はぐらかされた、という感じを持たれるでしょう。

でも、質問に真摯にお答えすることが親切かというと、ちょっと違うでしょう。質問そのものが浮いており、それに直接答えてしまうと浮いた答えになってしまうからです。浮いた質問と、浮いた答えのやり取りは、表面的な満足が得られるかもしれませんが、質問者の意識の成長にとっては、何の役にも立ちません。

いま、ほとんどの人は何かが起きると反射的に「いい・悪い」の判断をします。ほとんど自動的なので、判断しているという意識もないでしょう。これは幼少期から、親や大人たちがそうしているのを見てきているし、しつけもあるし、長年の習慣で、ほぼ自動化しております。

小さな一歩❶

「実存的変容」のひとつの小さなトレーニングは、この長年つちかってきた「いい・悪い」の判断から離れることです。

たとえば、Aさんが嘘をついたとします。私たちは反射的に「Aさんは嘘をついた。何て悪い奴だ」と思います。このうち「Aさんは嘘をついた」というのは事実だとしても、「何て悪い奴だ」というのは判断です。その判断から意識して離れるのです。ついでに「嘘をつくことは悪いことだ」というのも判断ですから、それからも離れます。これは、ごく表面的に「判断から離れた」と思い込むだけでOKです。心の底では

「悪い奴だ」という感情が消えてはおりませんが、それは無視します。「嘘は悪い」というのも表面的に外せばOKです。心の底での倫理観は外せないので放っておきます。最初のうちはとてもぎこちないと思いますが、慣れてくれば、自動的にできるようになるでしょう。私たちは、ほぼ毎分のように判断をしているので、このワークをしているとちょっとせわしないかもしれません。

本当に突き詰めて考えると、嘘をつかずに一生を送れる人は、世界中探してもひとりもいません。だから、「嘘は悪い」と決めつけると、人類全員が悪人になってしまいます。

「Aさんは悪い奴だ」という判断の裏側には、「私は、Aさんとは違って、いい人だ」という認識があります。なぜ「いい人だ」と思いたがるかというと、自己否定が強いからです。自分の悪い部分をひた隠しにして、あたかもないように振る舞っているのです。常に、「自分はいい人だ」、「自分は正しい」と自分に言い聞かせていないと不安なのです。これが「分離」といわれる状態です。「いい・悪い」の判断は、「分離」から出てきます。

もう少し詳しくお話しすると、「なんて悪い奴だ」という感想が出てくるということは、「嘘つきＡさん」に対する嫌悪感があるからですね。人が他人に関して嫌悪感を覚えるときには、必ず自分の中にそれと同じ要素があるからだ、と深層心理学は教えています。

つまり、「嘘つきＡさん」に嫌悪感を覚えたということは、自分の心の奥底に「嘘つきな私」が隠れている証拠です。「嘘つきな私」が隠れていなかったら、嫌悪感は覚えないし、「なんて悪い奴だ」という感想も出てこないでしょう。

ただ、「嘘つきな私」を認めるのは嫌なので、それは表面からは見えないようにして、あたかもないことにして、「いい人」を装っているのです。

「私だって、ときには嘘も尽くし、嫉妬もするし……」と自分のネガティブな部分を心の底から認めることが「統合」です。そうすると、もうＡさんに嫌悪感を抱かなくなり、自分もＡさんも大して変わらないな、という気持ちになり、Ａさんを「悪い奴だ」という決め付けをしなくなります。

無理やりそう思うのではなく、ワークを続けていくうちに自然にそういう心境になるのを待ってください。

詳しく見ていくと、じつは起きている出来事には「いい」も「悪い」もありません。多くの場合、私たちが、その時の自分の価値観に基づいて「いい」「悪い」のレッテルを張っているだけなのです。

たとえば、出かけようとしているときに雨が降ってきたら「うわっ、嫌な雨だな」と思うでしょう。でも「嫌な雨」という雨はありません。同じ雨でも庭の植木が枯れそうだと心配しているときとか、作物を育てているお百姓さんには「恵みの雨」になります。たまたまその時の気分次第で、「嫌な雨」にも「恵みの雨」にもなるのです。雨そのものは常に中立です。

心理学的に表現すると、「いい・悪い」の判断というのは、対象とする出来事に私たちの「エゴ」を投影した結果だ、ということになります。

「判断から離れる」というトレーニングは、起きている出来事と、自分の情動やエゴとを切り離すという練習です。雨に「嫌な」という情動を押し付けるのではなく、雨が降った結果**「自分が」**嫌な気分になっていると、とらえ直すのです。

前の例だと、「Aさんは嘘をついた。なんて悪い奴だ」ではなく、「Aさんは嘘をついた。その結果Aさんが悪い奴だ、という判断が自分の中に沸き起こった」ととらえ、その判断を消していくのです。

そうすると、自分のエゴが浮かび上がってきます。これはまた、自分の情動やエゴを客観的に眺める、というトレーニングでもあります。

自分のエゴを客観的に眺められるようになる、というのは「実存的変容」への一歩目です。

私自身は「判断から離れる」というトレーニングを、インディアンの長老から受けました。彼は「Non-Judgmental Approach（判断をしないで物事に取り組む姿勢）」といっておりました。特別なことではなく、私が何かに判断を下すと、単に「また前は判断している」というだけです。それを繰り返しているうちに次第に判断をしなくなりました。

別にお師匠さんがいなくても、これは自分ひとりで十分にできるでしょう。誰でも簡単にできる、極めて効果的なトレーニングです。でも、ちょっと辛抱強く、長い期間やらないと効果は実感できません。

先に述べた「……でいいでしょうか？」で終わる質問は、判断を講演者に聞いていています。これは、幼少期に常に親に判断を仰いでいた後遺症でしょう。本人が、というよりは親がそうするようにしつけてしまったのです。

質問者の親も、おそらく「実存的変容」以前のレベルにあったと思われます。「分離」が激しく、判断しまくっていたのでしょう。そして、「これは駄目」「あれは駄目」と判断を子どもに押し付けていたと思われます。これは、どこの家庭でもごく普通にやられていいます。

そうすると、質問者はいちいち親に確認しないと行動できない子に育っていきます。これが、「分離」のレベルの自己否定が親から子に伝わるひとつの仕組みです。子には「依存」が残っています。

「……でいいでしょうか？」という質問に、「はい、それでいいですよ」と承認を与えると、質問者の「分離」や依存はそのまま残ってしまいます。だから、その場しのぎの安易な答えはしない方がいいのです。質問者が、現状から少しでも脱出できるように、殻を破れるように、混沌の状態に落としてあげた方が、むしろ親切だと思います。

「いいも悪いもないですよ！」という答えには、そういう意図が込められています。

2章

「自己否定」の無限ループ

前章で、「いい・悪い」の判断が自己否定から出てくる、と述べました。「自己否定」というのは、「実存的変容」以前の意識レベルの典型的な特徴ですから、これからいくつかの章で様々な角度から取り上げていきます。本章では、まずその基本的な理解を深めましょう。

なぜ「自己否定」が出てくるか？ それは、「自己否定」が激しい親が、しつけを通じて自らの「自己否定」を子どもに押し付けて、伝染させるからです。

でも、深層心理学的にもう少し根本からお話しすると、誰しもが母親の子宮を強制的に追い出されたときに、すでに「自己否定」が宿ってしまいます。これを心理学では「バース（誕生の）トラウマ」と呼んでいます。子宮から出てこなかった人はいませんから、人間だったら全員が「バーストラウマ」を負っています。

キリスト教では、人はエデンの園で神の言いつけに背いて禁断のリンゴを食べてしまったので、生まれながらの罪「原罪」を負っている、と説いています。心理学者たちは、「原罪」とは「バーストラウマ」のことだ、と解釈しています。人間の自己否定感というものは、宗教の主な教義になっているほど根深いのです。

「実存的変容」というのは、このように人間として本質的に負っている業ともいえる「自己否定」から脱却することなので、いままで登ってきたいくつかの意識向上のステップに比べて、はるかに大きな階段を上がらなくてはいけません。

多くの本やセミナーで「自己肯定感を高めましょう」と指導していますが、表面的な意識レベルで「高めましょう」と思って高まるのなら誰も苦労をしません。そういう指導を受けると、逆に「自己否定」がいけないことだ、「自己肯定感」を持たなければいけないという思い込みが強烈にできます。

そうすると、「あ、また私は自己否定をしてしまった！」と、ついつい自己否定している自分を否定的にとらえる傾向ができてきます。自己否定している自分を否定するわけですから、これは自己否定の無限ループであり、救いようがありません。その状態に陥っている人をとても多く見受けられます。

「スピ系」のリーダーたちは、ネガティブな感情をイメージして外しましょう、といったたぐいのワークをよく指導しておられます。この指導は、ネガティブな感情はよくないもの、という刷り込みを促し、それを否定して抑え込む危険性があります。深層心理学では、否定して抑え込むと心の奥底でモンスターに育ってしまうと教えています。また、表面的な意識レベルでイメージを操作したからといって、心の底にこびりついている感情はほとんど剥がれない、とも説いています。

たとえば、溺れている人に向かって「水が怖いというのは幻想だよ。それをイメージして外しなさい。ちゃんと力を抜いてリラックスすれば浮きますよ」と教えても救えない、ということは直感的にわかるでしょう。それは確かに真実なのですが、泳げない人にとっては「水は怖い」という方が、むしろ真実になっています。「怖くないよ」と理性と論理でいくら伝えたとしても、心の奥にこびりついている恐怖感はなくなりません。

もっとも、「溺れている」などの緊急時は除き、少し長い目で見るとちょっと違った景色も見えてきます。一回、二回ではわかりませんが、表面的な意識レベルの操作でも、数限りなく繰り返すと、やがて心の奥底の問題に影響を与えられることも知られており、スポーツのメンタルトレーニングなどに応用されております。

本書でお薦めしている「小さな一歩」は、その知見を応用して、少しずつ「実存的変容」に迫っていく方法論です。

さて、バーストラウマに話を戻しましょう。いままで優しく包んでくれていた子宮が、陣痛がはじまると突然締め付けてきて、やがて胎児は強制的に産道に押し出されていきます。胎児にとって、いかに不本意な事件か、容易に想像できるでしょう。自分の存在が否定されたと感じても不思議ではありません。

そのバーストラウマの上に、親との関係も含めて様々なネガティブな体験が蓄積されて自己否定感が形成されています。その多くは痛みや悲しみとリンクしています。

心の底では自らを否定しているのですが、多くの場合その反作用が表に出てきます。つまり、自己否定をカバーするために、自分を「大きく」、「立派に」、「強く」、「正しく」見せようと、精いっぱい装ってしまうのです。自分が「正しい」という立場を取れば、「相手が悪い」という解釈にならざるを得ません。

自己否定が強いほど、装いも激しくなり、装えば装うほど、人間関係は破綻していきます。したがって、自己否定が強い人ほど、家庭内も職場も人間関係がすさんでいきます。タクシーの運転手やお店の店員さんなどの第3者とのトラブルも多いでしょう。

さて、ここまで自己否定のネガティブな面ばかりを述べてきました。あなたに起きる不本意な現実、人間関係のトラブルのほとんどは、あなた自身の自己否定が原因ですから、まあ、普通に考えれば、やはりこれは限りなくネガティブですね。どの本を読んでも、どのセミナーに出ても自己否定のネガティブな面ばかりが強調されているでしょう。

でもそれは、本当はあまりフェアとはいえません。じつは、あなた自身は自己否定のメリットをたっぷりと堪能してきているのです。

あなたがいま何歳かにかかわらず、歯を食いしばって、必死に努力した経験を少しはお持ちでしょう。その結果、様々な能力を身につけ、いまのあなたがあるのです。この「歯を食いしばって努力」というのは、自己否定のエネルギーを使っています。いまの自分から逃れようとするのでがんばれるのです。

つまり、世の中で限りなくポジティブだとみなされている「努力」とか「がんばり」

とか「向上意欲」とかの源が、限りなくネガティブとみなされている自己否定なのです。自己否定を悪者として糾弾したらバチがあたるでしょう。

もちろん「努力」の中には「歯を食いしばって」とは違う、「ワクワクする喜びを伴った努力」というのもあり、こちらは自己否定のエネルギーではなく、「フロー（無我夢中で何かに取り組んでいる状態）」のエネルギーを使っています。でも、受験戦争をはじめとする人生の多くの場面では「歯を食いしばって」いたでしょう。ほとんどの人が、圧倒的にその状態の方が多かったと思います。

もう少し大きな構図で語れば、産業が発達し、GDPが伸び、文明が発達してきた源のほとんどは、人々の自己否定のエネルギーだったのです。また、いまの社会の推進力のほとんどは、じつは人々が自己否定エネルギーを使って切磋琢磨するからだ、といい切っても間違いではないでしょう。たとえば、「嫌な雨だな」と思うからこそ、傘を発明するのです。皆が「雨は中立だ」と思っていたら傘は生まれなかったと思います。

つまり、前章の言葉を借りれば、自己否定そのものは**「いいも悪いもない」**のです。

ただ時代が進み、次の段階へ行くためには、その自己否定を外すことが要求されているだけです。

いままでの社会は、成長すること、進歩すること、成功すること、GDPが上がること……などを絶対的に正しいことだ、というのが常識でした。これらは全部自己否定のエネルギーを使って達成されます。つまり、いままでは強力に自己否定を育て、それを戦いのエネルギーに昇華して社会の中でのし上がっていくことが暗黙の裡に奨励されていたのです。

その暗黙の裡に奨励されている自己否定を、悪いことだ、と決めつけてしまうので人は悩み、苦しんでしまうのです。ある意味では、いままでは社会そのもののあり方が矛盾に満ちていた、ともいえます。

「実存的変容」というのは、この社会の推進力を断ち切る、という極めて大きな変容です。そこまで達した人の人口比率が上がってくると、社会そのものが180度ひっくり返ります。

自己否定そのものを直接的に外すワークはさておき、ここでは「小さな一歩」として、自己否定している自分を否定する無限ループに陥らないためのワークをお伝えしましょう。

小さな一歩❷

「自己否定」が良くないことだ、という呪縛から離れましょう。「自己否定」している自分を発見したら、「ああ、自分はいま自己否定しているな」と見てあげて、そういう自分を、そのまま優しく抱きとめてください。自己否定をやめようとは絶対にしないで、そのまま徹底的に気が済むまで自己否定を続けましょう。

このワークは、単に意識を操作するだけなので、何も難しいことはありません。「自己否定」するたびに実行してください。

「自己否定」をやめようとすると、むしろ無限ループに入ってしまい、やめられなくなります。やめようとはせずに、徹底的に「自己否定」をやり切る、というのがポイントです。しばらくやっていると、不思議に「自己否定」の回数が減ってくるでしょう。

3章

「怖れと不安」狂詩曲

「実存的変容」以前の人のもうひとつの特徴は、「怖れと不安」にドライブされた人生を歩んでいることです。これは前章の「自己否定」と密接に関係しています。

前述のように、人は自ら否定している部分をひた隠しにして、表面的には自分を「大きく」、「立派に」、「強く」、「正しく」見せようと、精いっぱい装って生きています。そのひた隠しにしている部分が表に出てしまうこと、バレてしまうことに「怖れと不安」を抱いているのです。

由佐美加子は、「メンタルモデル」という概念を導入して、この「怖れと不安」の発生メカニズムをとても上手に説明しています。これについては14章で触れます。

この自らの「怖れと不安」を正面から見据えている人は極めてわずかでしょう。でも、「あれをやんなきゃ」、「これをやんなきゃ」、「あれをやっていない」、「これをやっていない」と、焦燥感に駆られている人はとても多いですよね。その焦燥感の源がこの「怖れと不安」です。

あるいは、若い方は「自分はまともな社会人になれるだろうか?」、中年の方は「会社を辞めた後の老後はどうなるだろう?」、老年になると「いつ死ぬのだろうか?」、「死ぬときは苦しむのだろうか？」などなど、ほとんどの人が未来に対する漠然たる「怖れと不安」を抱えています。

会社経営者は、たとえ今は順調でも「いつか倒産するんじゃないか」と、恋愛中の人は「恋人がいつか自分の元から去っていくんじゃないか」など、様々な仮説を作って「怖れと不安」に浸っています。

そういう未来に対するありとあらゆる「怖れと不安」の源が、上で述べた「ひた隠しにしている部分が表に出てしまうこと、バレてしまうことに対する怖れと不安」なのです。心理学的な表現をすると、その源の「怖れと不安」を、様々な対象に投影して生きているのが、ほとんどの人の人生なのです。

前章で述べたように、私たちはその「怖れと不安」から必死に逃げようとして努力をします。その結果、あなたは成長し、能力を身につけ、いまの自分を築いてきました。前章の「自己否定」といっていたところを「怖れと不安」といいかえても同じです。

産業が発達し、ＧＤＰが伸び、文明が発達してきた源も、いまの社会の推進力の源も、人々の「怖れと不安」だった、といい切れます。

さて、ここでひとつ問題があります。私たちは「怖れと不安」から逃れようと必死に努力をして、社会的成功を目指します。ところが、社会的に成功したからといって「怖れと不安」はなくならないのです。それは、「怖れと不安」の源が、自らの内側に存在する「ひた隠しにしている部分が表に出てしまうこと、バレてしまうことに対する怖れと不安」であり、いくら外側に働きかけて、外側の世界を変えても、それは一向になくなりません。たとえ社会的成功を達成しても、大元の「怖れと不安」はそっくりそのまま残っております。

いままで、カーネギーやナポレオン・ヒルをはじめとする多くの人たちが指導してきたアメリカ流の「成功哲学」はここどまりです。たしかに、社会的に成功するためには有効な方法論なのですが、それを実行して成功したからといって意識は変容できません。「怖れと不安」は残ったままです。

私は、三〇代で早くもそれを経験しました。「怖れと不安」に駆られて必死に努力をして、「CDの発明者」というエンジニアとしてはこれ以上ないと思われるほどの評価を得、マスコミにも登場し、表面的には成功者として祭り上げられました。ところが、内面的には「怖れと不安」は一向になくならず、さらなる成功に向かって努力をしなければいけない、という焦りでいっぱいでした。

成功という安住の地を求めて梯子を登っていったのに、梯子の先端は安住の地には届いておらず、さらなる梯子を用意して登らないといけない、という感じでした。

要するに、社会的成功は一切自分の人生を支えてはくれない、ということを人生の比較的早い段階で嫌というほど思い知らされたのです。

いまの社会は、全員が社会的成功を目指して必死に努力することを奨励しています。巷には「いかにしたら成功できるか」といった類いの本にあふれており、それぞれによく読まれています。これは、少し大きな視点から見ると、「怖れと不安」を刺激して強化しているだけです。「成功を目指しなさい、さもないと社会の敗残者になりますよ」という脅しです。

社会的成功というのは相対的なものですから、100人に1人成功するとすれば、1人の成功者は99人の失敗者を生んでいることになります。

つまり、「みんな成功者を目指しましょう」といういまの社会のあり方は、たしかに皆が必死に努力をして社会は活性化してGDPは上がるでしょうが、圧倒的多数の失敗者を生む、とんでもない社会と見ることもできます。

人として最も弱い「怖れと不安」を刺激、強化され、必死に努力をさせられ、挙げ句の果てにほとんどの人が失敗者に追い込まれていくのです。成功者になったとしても心の安住の地には届きません。

いま、この本でお薦めしている「実存的変容」は、まず個人レベルでこの「怖れと不安」を脱却することです。そうすれば、いくら社会がそこを刺激してきても、それに踊らされることはなくなります。

歯を食いしばってという努力はなくなり、その代わりに前章で述べた、無我夢中で何かに取り組む「フロー体験」が増えるでしょう。これも努力には違いないのですが、苦行的な努力とは違って、好きなことをやっているので、本人はあまり努力をしているという意識はなくなります。

私自身は、「怖れと不安」に駆られてCDを開発していたのですが、プロジェクトを推進する中で「フロー体験」をしました。この体験は社会的成功などより、はるかに自分の人生をサポートしてくれました。

「社会的成功」というのは自分の外面での出来事です。たしかにチヤホヤされ、得意満面にもなることもあり、自尊心もくすぐられ、一見華やかになります。でも、それと裏腹に心の内面は、相変わらず「怖れと不安」の闇の中にあります。

それに対して「フロー体験」は、具体的に何かがあったわけではないのですが、心の内面の闇の中に、ポッと小さな暖かい「ともしび」がともったような感覚になります。この「ともしび」が、じつは変容の種火になるのです。

「実存的変容」というのは、外側で起きることとは、ほとんど無関係です。自らの心の内面に視点を向け、そこに何があるかを発見し、「ともしび」を育てていくプロセスなのです。

小さな一歩❸

将来の社会的成功に向かって、歯を食いしばって進む努力をやめてみませんか。それよりも、仕事でも遊びでもいいですから、「いま」楽しいこと、わくわくすることに没頭しましょう。首尾よくいけば「フロー体験」が得られるかもしれません。

4章

「正義と悪」のパターン化

「実存的変容」以前の人のもうひとつの特徴は、すべてを「正義と悪」というパターンで読み解こうとすることです。

いま、世の中は圧倒的に「実存的変容」以前の人が多いので、社会全体が「正義と悪」のパターン化に染まっているともいえます。多くの小説、漫画、映画、ドラマが「正義の味方」のヒーローがバッタバッタと悪をやっつけるという筋書きであり、見ている人は自らをヒーローに投影して溜飲を下げるのです。もっとも最近では、少しずつそういう単純なパターン化から離れる傾向も見られます（それが社会の進化です）。

「正義と悪」のパターン化というのは、1章で述べた「いい・悪い」の判断とほとんど重なります。なぜそれが起きるのか、という発生要因も同じです。しかしながら、「いい・悪い」というのは多くの場合判断にとどまるのに対して、「正義と悪」というのは「悪」を粉砕しなければいけないという「正義の戦い」に繋がってしまうので、一層厄介です。

「正義の戦い」の特徴は、自分は絶対に正しいとの信念のもとに、「悪の権化」をねつ造してしまうことです。

政治や主義主張をめぐる戦いの場合には、「あいつらは、なんでこんな簡単なことが理解できないのだろう！」という疑問のもとに、「欲に目がくらんで金儲けばかりを考えている」とか、「中国や北朝鮮の肩を持つ売国奴」とか、相手が悪の権化になってしまった、とてもネガティブな理由を無理やりに探しだし、決めつけ、口汚くののしるのです。

「自分が絶対に正しい」という信念が曲者であり、そうすると相手を悪者にせざるを得ません。

平和運動、環境運動、気候変動に対する運動など、社会にとって大切な運動も、どこかに「悪の権化」の存在を仮定してしまうと、純粋な運動というよりは「正義の戦い」に堕ちてしまいます。本書では、「正義の戦い」というのは、「実存的変容」以前の意識レベルが引き起こす、と解釈しております。

いまは、社会全体が「実存的変容」以前なので、「正義の戦い」に没頭することが当たり前の常識だし、誰も何の疑問も抱いていないでしょう。ほとんどの人が、自分が「正義の戦い」をしていることすら気付いていないと思います。

しかしながら、社会全体はいま、まさに「正義の戦い」を卒業して次の段階に行こうとしております。本書は、その変容を加速する方向で書かれています。したがって、「正義の戦いに堕ちる」という、あえてネガティブな表現を使いました。

「正義の戦い」に没頭しているときには、どこからどう見ても相手は悪の権化にしか見えません。こんなに明らかなのに、みんなはどうして戦わないんだ、と人々を「正義の戦い」に巻き込もうとします。「正義のため」、「社会のため」、「子どもたちのため」……と自分の行動を正当化する理由はいくらでもあり、この戦いに参加しない奴は卑怯だ、とまでいい出す人もいます。

でも、ちょっと待ってください。少し離れてよく見ると、あなたが悪の権化と思っている相手も、じつは間違いなく「正義の戦い」を実行しているのです。自分が悪の権化だと思っている人は世界中にひとりもいません。それぞれに倫理観、価値観、道徳観は違うので、正義や悪の定義は異なりますが、その人にとっての「正義の戦い」を実行しているのです。

戦いというのは、古今東西、必ず正義と正義がぶつかっています。世の中で「正義」

ほど始末の悪いものはありません。

たとえば、イスラム過激派の自爆テロについて考えてみましょう。西側諸国の一般常識からすれば、善良な市民を巻き添えにする憎むべき悪行に見えるでしょう。ところが、実行犯やその後ろ盾の人たちからすると、イスラムの正義を守るための「正義の戦い」であり、「聖戦（ジハード）」なのです。そうでなくては、自らの命を犠牲にしてまで実行しないでしょう。背景には、異教徒は悪魔の手先なので殺してもかまわない、という倫理観があります。

中世の魔女狩りも、悪魔と通じている魔女は抹殺しなければいけない、という「正義の戦い」でした。ヒトラーのホロコーストもゲルマン民族の正義のための戦いでした。

倫理観、価値観、道徳観というのは絶対的に存在するものではなく、時代や地域社会によって大きく異なります。いまの日本の常識的な倫理観を振り回して正義を語っても、偏狭で、虚しいばかりであり、本質的な議論にはならないでしょう。

いまは、人類全体のために、という倫理観に私たちは慣れていますが、つい100年前なら、世界中のどこの地域、どこの社会に行っても、自民族だけ、この宗教の信者だけという狭い範囲のメリットだけを追求する倫理観が一般的だったことを認識してください（これが社会の進化です）。

その社会の進化から取り残されている地域や社会はいまだにたくさんあり、私たちとは、はるかに違った倫理観を信奉している人たちも大勢いるのです。ちょっと前までは自分たちもそうだったわけで、彼らを間違いとか悪だと決めつけるわけにはいかないでしょう。単に周囲の環境が違うだけです。

賛成はできないとしても、相手がこんな論理で『正義』と思い込んでいただろう、ということは理性的に推定できるでしょう。それだけでも、「悪の権化」と決めつけるよりはだいぶましになってきます。頭から排除しないで、自分とは違う信念に対しても心を開くということです。

さてここで、人間はなぜ「いい・悪い」もしくは「正義と悪」のように、物事を極端な二極に分け隔ててとらえようとするのか、原理を考えてみましょう。二極に分けてとらえることを「二元論」と呼びます。

　ここからしばらくの間、心理学の用語が出てきて、ややこしいとお感じになるかもしれませんが、できるだけ易しく説明いたしますのでお付き合いください。


　人間は、人の目をとても気にして生きている、ということは誰でも実感していると思います。社会の中でどう自分が見られているか、ということに関心が薄い人はいません。私たちは、人の目、世間様、社会の評価などを想定しながら、自分で「こうあるべきだ」というイメージを造り、その通りに装って生きています。そのイメージのことを心理学では「ペルソナ（仮面）」と呼びます。

　仮面舞踏会では、仮面の人になり切って楽しむように、私たちは意識していなくても「ペルソナ」をかぶって「いい人」を演じて人生を歩んでいます。ペルソナはひとつではなく、会社では課長のペルソナ、家ではお父さんのペルソナ、あるいは夫のペルソナ、ゴルフをやるときにはまた別のペルソナなどなど、いろいろと使い分けています。

人間の実態というのは、誰しもが嘘もつくし、嫉妬もするし、ドロドロと汚い存在です。「こうあるべきだ」と「ペルソナ」を形成しているとき、それからはみ出した「こうあってはいけない」という要素も、必ず自分の中にはあります。でもそれは、受け入れるわけにはいかないので、あたかもないように振る舞います。

でも、いくらないように振る舞っても、それは厳然と存在するわけで、表面から消えて、心の奥底に押し込まれているだけです。心理学では、この心の底に押し込まれた「こうあってはならない」想いや衝動を「シャドー(影)」と呼んでいます。心の底に押し込まれると、実態以上に巨大化してモンスターになっているので、本書では「シャドーのモンスター」と呼ぶことにしましょう（心理学の学術用語ではありません）。

いま、「シャドーのモンスター」が、心の底に押し込まれた「こうあってはいけない」想いや衝動で作られる、と述べました。心理学者たちは、それにさらに抑圧された死の恐怖や、母親の子宮を強制的に追い出されたトラウマ（オットー・ランクが発見したバーストラウマ）、抑圧された性欲（フロイトが発見）など、様々な他の要因も重畳して付着し、巨大に膨れ上がっていることを発見しました。

あるいは、親子の葛藤に起因する親のモンスター(13章で説明)、嫌味な上司のモンスターなど、無数の個別のモンスターも重畳しております。

一般に、葛藤が強い人ほど「シャドーのモンスター」も強大に育っています。


3章で「ひた隠しにしている部分が表に出てしまうこと、バレてしまうことに対する怖れと不安」という表現を使いましたが、その「ひた隠しにしている部分」というのが、まさに「シャドーのモンスター」なのです。

繰り返しになりますが、ほとんどの人は「シャドーのモンスター」を心の奥底に抱え、あたかもそれがないように振る舞い、それが表に出て存在がばれてしまうことを極端に怖れ、不安になり、それに基づく自己否定にさいなまれて生きているのです。

心の奥底に押し込んでいるので、これらの一連のプロセスは、じつは表面的な意識レベルには上ってきません。自分ではわからず、無自覚なまま、なんとなく「怖れや不安」、「自己否定」などを抱えているのがほとんどの人の生き様です。

さて、人間の心の深層構造についてお話ししてきました。これは天外が勝手にねつ造した理論ではなく、深層心理学としてすでに世の中に定着している考えです。ただし、心理学では「シャドーのモンスター」ではなく、単に「シャドー」と呼んでいます。天外がシャドーの実態を、よりリアルに感じてほしいため、あえてモンスターという言い方を採用したのです。

人間というのは、表面的に見えている人柄や性格だけではなく、心の奥底に「シャドーのモンスター」を抱えており、それに大きく影響されて人生を送っている存在だ、ということを深層心理学が明らかにしてきました。

ここまで述べてきた、人間の心の深層構造を、もう一度整理してみましょう。「こうあるべきだ」というポジティブな側面を代表する「ペルソナ」と、「こうあってはいけない」というネガティブな側面を代表する「シャドーのモンスター」の二極に分かれています。これが「分離」といわれる状態です。

「実存的変容」というのは、このふたつが「統合」することをいいます。「分離から統合へ」という表現の裏には、このような複雑な構造があるのです。

人は、自らの心の深層構造を通して外界を眺めます。「ペルソナ」と「シャドーのモンスター」、ポジティブとネガティブの二極構造（二元性）を通して外界を眺めれば、すべてが二極分化して見えるのは当然でしょう。それが、「いい・悪い」だし、「正義と悪」なのです。

ですから、自分の外側の世界に「いい・悪い」や「正義と悪」があるのではなく、自分の内側の二極構造を通して見ると、どうしてもそう見えてしまうということです。これを心理学では「投影（プロジェクション）」といいます。

つまり、外側の世界に悪の権化が存在するのではなく、自分の内側のネガティブな側面を投影しているのです。これを上の記述では、悪の権化をねつ造する、と表現しました。

さて、ここまでわかった段階で、小さな一歩をどう踏み出しましょうか。「ペルソナ」と「シャドーのモンスター」の統合は、この本全体の課題であり、大きな一歩です。まずは、そこまでは欲張らずに、小さく踏み出しましょう。

小さな一歩 ❹

まずは、自分が「正義の戦い」にはまっているかどうか、よく見てみましょう。もしはまっていたら、「悪の権化」が見えているはずです。その悪の権化のサイドも、もし自分では「正義の戦い」を進めていると思っているとしたら、彼らはいったい何をもって正義としているか、考えてみましょう。自分としては賛同できないとしても、彼らなりに何らかの正義を掲げていることを理解しましょう。闇雲に彼らを「悪」と決めつけて否定する姿勢から、少し離れましょう。

5章

「コントロール願望」を自覚する

4章では、人間の深層心理の構造について述べました。繰り返しになりますが、「実存的変容」以前の人は、「こうあるべきだ」というポジティブな側面を代表する「ペルソナ」と、「こうあってはいけない」というネガティブな側面を代表する「シャドーのモンスター」の二極に激しく分離しています。

人は内面の分離を通してしか外界を見られませんから、「いい・悪い」の判断や（1章）、「正義と悪」のパターン化（4章）につながります。また、心の奥底にひた隠しにしている「シャドーのモンスター」が、「怖れと不安」（3章）や「自己否定」（2章）の要因になっています。これが「実存的変容」以前の人の深層心理の構造です。

「自己否定」の反作用として「自分は正しい」という鎧を強固に着込んで自分を守ろうとするので、「相手が悪い」という思い込みや、「悪の権化」のねつ造に走るという傾向が見られます（4章）。「自己否定」が強ければ強いほど、「自分は正しい」という鎧が重くなります。鎧なので、これは偽物です。本当に正しければ、鎧で武装する必要はありません。

「自分が正しい」という重い鎧はまた、他人を自分の思い通りにコントロールしようという願望に繋がります。これもじつは、深層心理学的には「正義と悪のパターン化」とよく似たメカニズムが働いているのですが、あらわれ方がちょっと違って「コントロール願望」となることもあるのです。「自己否定」が強ければ強いほど、「コントロール願望」も強くなります。

上司で一番嫌がられるのは「マイクロマネジメント」ですね。あらゆる細かいところまで口をはさんでくるタイプです。間違いなく、その上司は「自己否定」が強く、「コントロール願望」にあふれかえっています。

「自己否定」が強い親は、子どもに対して強力に「コントロール願望」を発揮します。なかでも、子どもの人生をコントロールしようとするのが最悪です。そういう親の元では、子どもは激しい親子の葛藤の傷を負います（13章参照）。

職場でも家庭でも、「コントロール願望」は、実に様々なトラブルを引き起こしています。「自分は正しい」という偽物の鎧をまとって、心の奥底の「自己否定」をカバーしている状態でのコントロールですから、受ける方は、たまったものではありません。

「コントロール願望」という言葉は、あまり聞きなれないと思います。ひょっとすると私が使いだしたのかもしれません。

15年ほど前から開講している「天外塾」という経営者向けのセミナーの中で、やむにやまれずこの言葉を使いました。

そもそものきっかけは、2003年にソニーの業績が急落し日本中の株価が暴落した「ソニーショック」でした。以来ソニーは15年間にわたって凋落が続きました。凋落の原因が、アメリカ流の合理主義経営の導入により創業期から続いていた「フロー経営」が破壊されたことだ、ということを発見し、まだ現役のソニー役員だった2005年から、「フロー経営」をお伝えする「天外塾」を開講したのです。

人は無我夢中で何かに取り組む「フロー」と呼ばれる状態に入ると、劇的にパフォーマンスが上がることがあります。チクセントミハイという心理学者は、1960年代からその研究に没頭し、「フロー理論」として体系化しております。

「フロー」に入るためには、指示命令による強制や、金、地位、名誉などを追い求めて行動してもダメで、内側からふつふつと湧き上がってくる「ワクワク感」みたいなものを大切にしなければいけません。ソニーは創業以来、社員の自主性を大切にしていましたので、社員は「フロー」に入りやすく、それが数々の技術革新につながり、奇跡の成長を成し遂げました。

いまから見ても、とても先鋭的な素晴らしい経営だったと思います。

ところが、１９９５年にトップが代わり、どうしたことかソニーの経営が世界から遅れている、と錯覚し、管理が強く成果主義中心の合理主義経営を導入してしまいました。これは、「フロー経営」の真逆だったので、社内は大混乱し、鬱病が激増し、社内は地獄の様相になってしまいました。

これが、２００３年の「ソニーショック」の舞台裏です。

私は、その地獄の中で、はじめて「フロー経営」の素晴らしさに気づき、その「フロー経営」を世の中に知らしめるために２００５年から「天外塾」を開講したのです。「フロー経営」そのものは、長年創業者の井深大氏の近くで仕事をしてきたので、身体にしみついていました。

基本的には、指示・命令を一切やめ、すべてを社員の自主性にまかせる、というだけです。誰でも、自分で考え、工夫し、思い通りに行動したほうが指示・命令で動くより、はるかに意欲が高まり、働きがいが出てきます。たとえ「フロー」に入れなくても、職場は活性化し、業績が上がります。失敗も許容すれば、そこからの学びも多く、社員は急速に成長します。

理論的な裏付けは、チクセントミハイの「フロー理論」で万全でした。

塾生は中小企業の経営者が多かったのですが、私は皆すぐに「フロー経営」ができるようになると信じておりました。ところが、いくら熱心にセミナーをやってもぜんぜんダメでした。

皆、「フロー理論」も理解できるし、自主的に動くことにより意欲が高まることも納得します。つまり、論理と理性では完璧に「フロー経営」を理解するのです。ところが、当初は誰も実行できませんでした。やろうとしないのです。

「優秀な社員がそろっているソニーさんとは違って、うちはぼんくらばかりだから……」というセリフもよく聞きました。じつは、ほとんどがアルバイトの職場でも「フロー経営」はとてもよく機能しますから、社員の資質とは関係ないのですが（天外伺朗『名経営者に育った平凡な主婦の物語』、昇夢虹、2014年、参照のこと）、塾生はなかなか納得してくれません。

「俺は、家も抵当に入れて体を張っているのに……」というのもよく聞きます。要するに、まかせて失敗して責任だけ取らせられるのはかなわない、というのです。失敗が怖くてどうしても一歩目が踏み出せません。

そのうちに私は、彼らが怖いのは「失敗」そのものというよりは「ハンドルから手を離すことだ」ということに気づきました。自転車に乗っているときに、ハンドルから手を離すのは怖いですよね。ある程度スピードが出ていれば、手を放しても自転車は安定して走りますが、それが頭ではわかっていてもなかなか手を放せません。「転倒する恐怖」というのはもちろんありますが、それと同時に「コントロールできない恐怖」というのがあります。

もう少し詳しく述べると、3章で述べた「怖れと不安」から逃れるために、必死にハンドルにしがみつき、右に左に操作している、という心理状態になっています。どうやら人間は、「怖れと不安」が強いと、他人や組織をコントロールしたい、という欲求が出てくる存在だと気づき、それを「コントロール願望」と呼び始めました。

さらに深く探求していくと、一般に経営者は普通の人（例えば専業主婦）に比べると葛藤が強いこと、その葛藤のエネルギーを「戦いのエネルギー」に昇華して経営していることもわかってきました。これは、ボクシングなどで幼少期に悲惨な人生を送った選手ほど「ハングリー精神」を発揮して強くなる、というのと呼応しています。

そして、葛藤が強ければ強いほど「怖れと不安」も強く、「コントロール願望」も強いことがわかってきました。葛藤が強いということは、4章の言葉で表現すれば、「シャドーのモンスター」が暴れている状態です。その状態では、どうしてもハンドルから手が離せません。つまり、経営者たちが「フロー経営」できない理由が「シャドーのモンスター」だったのです。

「シャドーのモンスター」を統合するのが「実存的変容」です。つまり、「実存的変容」

を超えると、とくに「フロー理論」などを勉強しなくても、ごく自然に「フロー経営」が実践できるのです。

これらの一連の気付きから、「天外塾」は大幅に様変わりをいたしました。「フロー理論」や創業期のソニーの話は一切やめ、様々な瞑想ワークを駆使して、塾生の「実存的変容」をサポートする塾になったのです。それに伴い、「フロー経営」が実施できる塾生が圧倒的に増えてきました。その瞑想ワークの一部を第2部で述べます。

さて、以上のような経緯で使い始めた「コントロール願望」という言葉ですが、これは企業経営の場だけでなく、あらゆる人の人生のあらゆる場面でとても重要な役割を担っていることがわかってきました。

一番大きいのが子育ての場です。親が子をコントロールしようとする弊害は、いくら強調しても足りません（13章参照）。

パートナー間の「コントロール願望」も結構深刻です。自分のコントロール通りにパートナーが動いてくれるかどうかが、愛の証となってくると、とても厄介です。

いままで、他人や組織をコントロールすることばかりを議論してきましたが、じつは自分自身に対する「コントロール願望」も大問題です。「こうしなければいけない」、「ああしなければいけない」と自分を律することは、すぐに「自己否定」につながってしまい、自由なのびのびした発想の妨げになります。

さて、このような「コントロール願望」に対する小さな一歩をどうしましょうか。まず大切なことは、「自己否定」（2章）と同じく、「コントロール願望」をなくそうとはしないことです。なくそうとすると、それは心の底に押し込まれてモンスター化してしまいます。つまり、なくそうとすればするほど、逆に強力になっていくのです。

そこで、小さな一歩としては、まず見つめるトレーニングをしましょう。

小さな一歩 ❺

自分の心の中に、組織や他人や子どもやパートナー、さらには自分自身に対する「コントロール願望」がうごめいていることを、まずは発見しましょう。「コントロール願望」が出てきたら、それを「いけない」とか「なくそう」とかせずに、ありのままに「コントロール願望」が動くのをよく感じましょう。自分が「コントロール願望」の衝動に動かされていることを、なるべく客観的に観察してみましょう。

6章

失敗がなくなる「魔法の祈り」

2019年の鹿児島天外塾で、父親の急死で突然養豚業の社長に就任した若い女性がおられました。九州と北海道に多くの農場を抱えるかなり大規模な経営です。父親は獣医ですべてに精通しており、完全なワンマンで取り仕切ってきたので、次の世代は育っていません。女性は、まったく未経験なのにもかかわらず、リーダーがいなくなって混沌状態の養豚業をいきなりリードしなければいけない立場になってしまったのです。

天外塾が始まった時点で、社長就任から5カ月たっていましたが、糞尿処理の問題をはじめとする山のようなトラブルに正直いってパニックになり、押しつぶされつつありました。

私ももちろん養豚業などにはまったく縁がなく、それぞれのトラブルにどう対処するかというアドバイスはできません。第一、トラブルが多すぎて、たとえ業界に精通している人でも、とても個別のアドバイスはできないような状況でした。

そこで、個別のトラブル処理はさておき、以下の祈りを毎朝・毎晩行うようにお願いしました。不思議なことに2カ月ほどで、状況はかなり改善され、まだ問題はたくさん残っていましたが、押しつぶされる感じはなくなりました。

これは、どんな困難な状況に遭遇しても、それを突破できる「魔法の祈り」です。

この章の「小さな一歩」は、この祈りにしましょう。

小さな一歩❻

毎朝・毎晩瞑想に入り、下記の祈りを１０８回ずつ唱える。

「いかなる状況になろうとも、私は起きた結果を全面的に受け入れます。決して逃げません。誰のせいにもしません。誰も非難しません」


さて、この祈りの内容をよく見てみましょう。キーは「結果を受け入れます」という宣言です。「逃げない」、「誰のせいにもしない」、「誰も非難しない」というのは、それに対する修飾です。

「誰のせいにもしない」の中には、「自分のせいにもしない」も含まれています。

私は、ソニーに42年間勤務しましたが、物事がうまくいかなくなると「スケープゴート（いけにえの山羊）」を作って、すべてをその人のせいにしてしまう、という暴挙を何度も見てきました。特に、２００３年の「ソニーショック」（5章）の後は、優秀な社員が次々と「スケープゴート」にされ、会社を辞めていきました。

物事がうまくいかなくなり、人々の精神が荒れているときに、「スケープゴート」が決まると、不思議にみんなの気持ちが安定します。表面的に誰かのせいにすることによって、不都合な現実に蓋をしてしまうのと、自分に被害が飛んでこなかったのでほっとするのでしょう。スケープゴートにされた人を気の毒に思うのですが、救いようがありません。

本来なら、失敗を誰かひとりのせいにはできません。とても多くのいろいろなことが絡み合って、結果が出るのです。「ソニーショック」の場合には、その中でもとりわけトップがアメリカ流の合理主義経営を導入してしまった責任が重かったのですが、本人はそれに気づかず、「スケープゴート」を作り続けました。

「スケープゴート」を作るということは、失敗を『誰かのせい』にしており、「結果を受け入れていない」証拠です。まずは対策を考える前に、結果が受容できないと問題は解決しません。「スケープゴート」という、極めて陰湿な方法論で人々の束の間の精神の安定は得られるのですが、問題をすり替えているだけで、状況は一切変わらず、かえってこじれていきます。これが、ソニーが15年の長きにわたって低迷を続けたひとつの理由でしょう。

危機から脱出する、最強の方法論は「結果を受け入れる」ことです。「逃げず」に、「誰のせいにもせず」に、「誰も非難しない」で、受け止めることです。「自分のせいだ」と、反省することも厳禁です。

誰かのせいで失敗したのではなく、ただこういう結果が起きたのだ、という認識に持っていきます。少し宗教的な表現をお許しいただければ、「これも神のなせる業だ」という捉え方です。

神道の方では「かんながらたまちはえませ」というマントラがあります。何事も神のみ心のままに……といった意味です。チベット密教では、同じ内容を「オム・マニ・ペメ・フーム」というマントラにしております。

たとえ不本意な結果になったとしても、それは誰のせいでもなく、自分のせいでもなく、神の計画だったのだ、と思い込めれば受容しやすくなるでしょう。

トラブルというのは、起きたことそのものというよりは、起きたことを自分が受容できないことから発生している、と私は考えています。起きたことを受容して、ちゃんと向き合えば、それほど大した問題ではないのです。

ところが、向き合えずに、逃げようとしたり、誰かのせいにしたり、誰かを非難すると、解決不能な、とんでもなく大きな問題に見えてきます。自分のせいにするのも同じです。「誰のせいでもない。ただこれが起きたのだ」という気持ちがとても大切なのです。

これは、ネガティブな感情をないものとして抑圧すると、心の奥底で、むしろ巨大なモンスターになってしまう（5章）、というのと同じ原理です。

さて、「結果を受け入れる」ということをお話してきました。成功しようが、失敗しようがすべて受け入れる、別の表現を使えば、「結果に執着しない」ということです。

これは、本当は結構すごいことであり、ちゃんとできれば「失敗」ということがなくなります。

小さな一歩⑥は「失敗」がなくなる「魔法の祈り」なのです！

いきなりそういわれても、何のことだかわからず、面食らわれたかもしれません。少しずつ丁寧に説明しましょう。

私たちは、幼少のころから、物事には「成功」と「失敗」がある、と思い込んで生きてきました。成功すれば有頂天になるし、失敗すればがっくりと落ち込む。それを数限りなく繰り返して、ここまで育ってきました。

何かをやるときとか、受験するときとか、どうしても成功したいですよね。「どうか、神様お願い」と、成功のためにお祈りをする人も多いでしょう。でも、お祈りをしたからといって、成功するとは限りません。全員のお祈りを神様が聞くわけにはいきません。試験だったら、誰かが受かれば誰かが落ちるのは仕方がないことです。

ところが、この「小さな一歩⑥」は、確実に100%失敗がなくなるお祈りなのです。なぜかというと、結果を全面的に受容してしまうと、「成功」も「失敗」も区別がなくなるからです。

「失敗」というのは、結果に対する執着が作り出す概念です。

だから、結果に対する執着がなくなると、ひとりでに「失敗」という概念も消えていきます。「成功」とか「失敗」とかいうのは、私たちが結果に対して勝手に貼っているラベルにすぎません。どうしても成功したい、という執着があると、思い通りにいかなかったことを「失敗」と定義をして、勝手に落ち込むのです。

このあたりのメカニズムは、1章の「いい・悪い」というのとまったく同じです。心の内側が、「こうあるべきだ」というペルソナと、「こうあってはいけない」という「シャドーのモンスター」に激しく分離していると、外界に起きるすべての出来事にそれを投影して、「成功」と「失敗」に分離してとらえてしまうのです。

繰り返しになりますが、「シャドーのモンスター」が統合されるのが「実存的変容」であり、心の中の分離がなくなります。そうすると、それを外界に投影する「成功」と「失敗」の区別もなくなるのです。「失敗したら大変だ」という「怖れ」も消えます。

たとえ試験に落ちたとしても、「試験に落ちた」という事実だけを受け止め、「失敗」というレッテルは貼らなくなります。もちろん落ち込むこともありません。

一足飛びにその状態まではいけませんが、「小さな一歩⑥」の祈りを繰り返しているうちに、次第にその境地に近づいていけるでしょう。

中国に「人間(じんかん)万事塞翁(さいおう)が馬」と呼ばれる故事があります。馬が逃げてしまったという不運が、その馬が素晴らしい駿馬(しゅんめ)を連れて帰ってくるという幸運につながり、それが、息子がその駿馬で落馬して大腿骨を折るという不運につながりました。ところがやがて戦争が起こり、その息子は骨折の後遺症のおかげで徴兵を免れる、という幸運につながった、というストーリーです。

不運の中に幸運の芽が、幸運の中に不運の芽がある、とも読めるし、不運も幸運もあざなえる縄のごとし、とも解釈できます。

でも、結局は不運も幸運もないですよ、ということではないでしょうか。私たちが不運だ、幸運だと一喜一憂していることとは無関係に、宇宙は淡々と流れていく、という感じです。

それとまったく同じように、あなたがいままでは「成功だ」、「失敗だ」とすったもんだしていた内容も、レッテルを外して単なる結果として受容すれば、淡々と流れゆく宇宙の営みの一部なのです。

78年も生きて、過去を振り返ると、山のような失敗や不運が見えます。その時は結構つらい思いをしました。でも、後から振り返ると、それらが素晴らしい次への飛躍につながっていたのがよくわかります。

最後に1章と同じような言葉で締めくくりましょう。

「成功も失敗もないですよ！」

7章

計画や目標を捨ててみよう！

私たちは、幼少期から「しっかりと高い目標を掲げ、それに向かう具体的な計画を立て、必死に努力をする」というやり方を叩き込まれてきました。それができたかできなかったかは別として、誰しもがこの方法論を信奉しており、疑問を持っている人はまずいないでしょう。

たしかに、この方法論は有効です。多くの人がそれを実行して成功しています。いま、日本社会の上層部を占める指導者たちは、間違いなくこの方法論をしっかりと実行してきた人たちです。

ところが、一見万能に見えるこの方法論にも弱点があります。意識の変容に向かうときにはまったく役に立たないどころか、かえって変容の妨げになってしまうのです。

以下詳しくお話しします。

「蛹(さなぎ)」が目標を作り、それを達成すべく努力をするという、しょうもないシーンを考えてみましょう。「蛹」は「蝶」という存在は知りませんから、せいぜい「でっかい蛹」くらいの目標しか作れません。その目標に向かっていくら努力をしても「蝶」になることはありません。

「蛹」が「蝶」になるというのは、神の計画であり、神の書いたシナリオに沿ってプロセスが進みます。「でっかい蛹」になるという自らのエゴが書いたシナリオは、神のシナリオとは違うので、努力をすればするほど神のプロセスの邪魔になります。

ここまでわかってくると、多くの人が「じゃあ、私たちはいったいどうすればいいのだ？」と天を仰ぐでしょう。いままで「目標を作って努力する」という方法論しか知らず、それしか前に進む道はないと思っていたのに、その道が閉ざされてしまったからです。

私自身も、何年もの間、考えても考えても答えが見つからず、悶々と過ごしました。ヒントは意外なところにありました。ひとつは禅宗（曹洞宗）の「只管打坐（しかんたざ）」という教えです。坐禅をするときに、悟りを開きたいだの、涅槃（ねはん）に入りたいだの様々な想いを排して、ただひたすら坐れ、という教えです。

もうひとつは、浄土宗・浄土真宗の「他力本願（たりきほんがん）」の教えです。ともかく、すべてを阿弥陀如来（あみだにょらい）にゆだねなさい、という教えです。

自力と他力では、一般には対立しているように思われていますが、このふたつの教えには「自らのはからいを捨てる」という共通点があります。

「蛹」から「蝶」に変容する「神のシナリオ」にうまく乗るために必要なことは、目標でも、計画でも、努力でもなく、「自らのはからいを捨てる」という単純なことだったのです。

ふと気が付けば、宗教は、はるか昔からそれを説いていたのです。宗教の修行法というのは、基本的には変容を目指していますので、これはよく考えると当然ですね。ただ、「目標を作って努力する」という方法論が、あまりにも強固に信じられていたので、この教えがなかなか社会には浸透しなかったようです。

目標や計画を作らないと、いまの世の中では「無計画だ！」、「行き当たりばったりだ！」、「何も考えていない！」と非難されますよね。そんなやり方をしていたらうまくいくわけはない、というのが常識です。

ところが、その常識に反して、これは存外にうまくいくことがあります。「偶然が偶然を呼んで、トントン拍子にうまくいった」という経験は、じつは誰でも持っています。あなたも「あ、あの時はたまたまうまくいったな……」という想い出が、ひとつやふたつはおありでしょう。じつは、これは「たまたま」ではないのです。「偶然が偶然を呼んで、トントン拍子にうまくいく」という仕組みが、ちゃんと宇宙の中に存在しております。アメリカ・インディアンは、それを意識して使っており、「インディアン・スタイル」と呼んでいます。

2000年の1月に、私は35名の仲間とともに、米・アリゾナ州のセドナとホピを訪ねるツアーを企画しました。予定していたインディアンの長老は都合が悪くなり、一度会っただけのチョクトー族の長老セクオイヤ・トゥルーブラッドに導師をお願いしました。事務局は会ったことがないので電話をすると、「とてもビューティフルな旅のビジョンが見えているよ。インディアン・スタイルの旅にしよう。何も心配することはないよ」といわれました。

この時点で私たちは、「インディアン・スタイル」が何を意味するのか、まったく知りませんでした。旅が始まって驚きました。何の予定も計画もないのです。毎朝6時にパイプセレモニーをすることだけは決めましたが、あとはまったくフリーです。

私は主催者なので、メンバーからひっきりなしに、「次の予定はどうなっていますか?」、「明日の予定は?」と聞かれるのですが、答えようがありません。

セクオイヤは、しばしばイーグルが飛ぶのを見て、これから起きることを予言していました。まあ、「あしたてんきになぁれ……」と下駄を飛ばして占うようなものです。ところがインディアンは、イーグルは高空を飛ぶので創造主のお使いだと考えており、セクオイヤの予言は不思議に良く当たります。

予定を聞かれたときに、私は「俺に聞かれてもわからないよ。イーグルにでも聞いてよ」と答えたら、これが旅の流行語になり、ついには本のタイトルになりました(天外・衛藤信之著『イーグルに訊け』、飛鳥新社、2003年)。

バスをチャーターしてあったので、長老が突然「ここに行こう」といい出しても対応できたのですが、皆が集まれるか心配でした。結論からいうと、ひとりの落伍者も出ませんでした。

そして終わってみると、そのツアーは一分の隙もないほどにすべてがうまくいきました。事前に、いかに周到に準備をしてもこれほどピッタリうまくいくことはないでしょう。一例をあげると、ホピ族の予言の石板保持者、マーティン・ガスウィスーマとの会合をどうするか悩んでいました。

我々がホピの居留区で泊まるホテルは政府派のインディアンが運営しており、伝統派の彼は来られない、ということがわかったからです。彼の家には35人も入れず、会合ができる場所がないのです。

ところが、セドナで私たちがスウェットロッジ（小さな布製の小屋に焼けた石を入れてサウナ状態にするインディアンの癒しの儀式）をやっている場所に、偶然彼が訪ねてくれて、素晴らしい会合を持つことができました。私は彼とふたりきりで3時間もお話ができ、一般に知られてないホピの予言についても、かなり恐ろしい内容も含めて聞くことができました。

この時点で、私はまだソニーの上席常務、前年に犬型ロボットＡＩＢＯを大ヒットさせ、そのビジネス推進体制を作り、二足歩行ロボットＱＲＩＯの開発体制を作り、その研究所長を務め、２０００年の秋に世の中をあっと驚かせたロボット博覧会ＲＯ

BODEXの準備をし、ソニーの中でも一番忙しい役員のひとりだったでしょう。

本来なら、一週間も休みを取って遊んでいる状況ではなかったのです。セドナから帰ってくると、たちまち日常の超多忙な生活に巻き込まれました。でも、このツアーのショックはかなり大きかったと思います。

それまでの36年間、私はプロジェクトを進めるにあたって、綿密な工程表（PERT図）を作り、ひとつの要素ができるために必要な要素と工程を予想し、クリティカル・パス（最も困難が予想される工程）に対しては、あらかじめ代替案をいくつか用意しておく、という仕事の進め方をしてきており、後輩にも指導しておりました。要するに、ものすごく綿密な計画を練る習慣が身についていたのです。

それが、何の計画もなく、まったくの行き当たりばったりで、すべてがうまくいく「インディアン・スタイル」を体験してしまったのです。それまで36年間蓄積してきたキャリアの牙城が、ガラガラと音を立てて崩れ落ちる感じがありました。

いまなら、「インディアン・スタイル」がなぜうまくいくのか、それなりに説明することができます。先ほど述べた「蛹から蝶への変容」で説明したように、宇宙には独自の流れがあり、計画があるのです。私たちが「自らのはからい」を脱して、エゴが立てた目標や計画を手放すことができると、はじめて宇宙の流れに乗っていけるようになるのです。

エゴが立てたどんな計画より宇宙の計画の方が雄大です。これができるようになれば、人生のスケールが一段と壮大になります。

いまの私は、講演を頼まれても準備はしません。ステージに立った時に出てきた言葉を紡いでいきます。かなり「インディアン・スタイル」が身についてきました。

詳しく分析すると、人がなぜ目標や計画を必要とするかというと、「怖れと不安」（３章）があるからです。未来に対する、そこはかとない不安を払拭するため、未来を思い描き、その通りに実現しようとするのです。

でも、未来が予測できるというのは錯覚です。実際には、ありとあらゆる予測外の出来事が押し寄せてきます。実際の毎日のオペレーションは、その予測外の出来事に一つひとつ対処しているだけです。目標や計画から乖離しそうになると、必死に戻そうと努力をします。たとえば、売り上げ目標が達成できそうもないと、強引な押し込み販売をしたりします。

いままでは、それでも目標が達成されればよし、という風潮でしたが、長い目で見れば押し込み販売をした弊害が後を引くでしょう。

いまから社会全体は「実存的変容」を超えていきます。「怖れと不安」がない世界が実現するのです。それにともない、「目標や計画」を立てずに「インディアン・スタイル」で生きていく人が増えるでしょう。

本章の小さな一歩は、「インディアン・スタイル」に移行するための練習です。いきなりは無理なので、まずは無計画な旅を実行してみましょう。

小さな一歩 ❼

旅に出るとき、計画を作らず、宿も決めず、いきなり見知らぬ土地に降り立ってみませんか？　神経を研ぎ澄まし、小さな兆候を見逃さないようにして、そこで

何が起きるか見てみましょう。思いがけずにすごい旅になるかもしれませんよ。
なんかワクワクしませんか？

8章

無責任のススメ

いまの世の中では、「責任」ということがとても重視されています。「あいつは無責任だ」というのは、かなり強烈なけなし言葉です。結果がどうなるかを考えずに、とんでもない行為をする、まったく信用できない人、という意味になります。そういうレッテルを張られた人は、社会の中で重要な役割は与えられません。個人としても、親しい人が去っていくかもしれません。

無責任な行為により、長年築き上げてきた信用を一挙に失う、というケースを見てこられた方も多いでしょう。

課長とか部長とかの組織の長は「責任者」と呼ばれることもあります。成果が上がれば褒められ、失敗すれば責められ、組織内で不祥事があれば責任者として頭を下げなければいけません。もちろん、社長は会社全体の責任者です。

何に対して責任があるかというと、第一義的には「結果」に対する責任です。第二義的には、「健全なオペレーション」に対する責任です。

組織の長が責任を持つということは、すべてのデシジョンはその人の了承がいる、ということになります。

かくして、膨大なピラミッド型の組織が企業でも役所でもはびこりました。いま「組織」といわれて、あなたが思い描くのはそういう形態でしょう。

２０１８年に『ティール組織』（英治出版）を大ヒットさせたＦ・ラルーは、組織の形態を色で形容しました。先ほど述べたようなピラミッド型組織形態は、「オレンジ」と呼ばれています。

最近では、指示・命令が少なく、下に権限委譲がされており、全体として家族的な仲間意識で結ばれた「グリーン」と呼ばれる組織も増えてきました。権限委譲が進んではいるものの、ピラミッド的な組織は形式的に残っており、「責任」そのものは組織の長に帰属します。

さらに、Ｆ・ラルーはほぼ上下関係が消滅し、フラットな生命体的な組織が出現してきたことを発見し、「ティール（青緑色）」と名付けました。

「ティール」というのは、組織の形態でもあり、その組織を実行する人の意識レベルでもあります。本書の言葉でいえば、「実存的変容」を超えたレベルが「ティール」です。

「オレンジ」や「グリーン」の組織では、大きなデシジョンは上司の裁可を得るか、会議などで集合的に決定します。ほとんどの組織では、デシジョンをするための会議体が設定されています。

ところが「ティール組織」では、一介の社員がどんな大きなデシジョンをすることも許されています。普通の会社なら社長決裁になるような大きな案件も、昨日入社した新入社員がデシジョンしていいのです。これは、ほとんどの人が信じられないと思いますが、事実です。

ただし、デシジョンする前に、利害関係者や専門家にアドバイスを求める「アドバイス・プロセス」というのが義務付けられています。アドバイスは求めなければいけませんが、必ずしも全部のアドバイスに従う必要はなく、独断専行することも許されています。

天外塾では、「ティール組織」の第一人者、嘉村賢州さんや、実際に「ティール組織」を実践してきた武井浩三さんを講師にお呼びして、それぞれセミナーを開講しております（15章）が、いつもこの点が紛糾します。

一介の社員が会社の運命を左右するようなデシジョンをすることが許されているとしたら、たちまち会社は倒産するのではないかという疑念と、その社員は責任の重さに押しつぶされてしまうのではないか、という議論です。

「ティール組織」は、世界中にかなりの数が出現していますが、いまのところ社員がとんでもないデシジョンをしたがために倒産した、という例はないようです。アドバイス・プロセスがうまく機能しているのでしょう。

全部のアドバイスに必ずしも従う必要はない、というのは、全員の意見に配慮をすると、平均値的なつまらないデシジョンに必ずなるからです。ユニークな意見には必ず反対意見があり、それを押し切って進めることが重要です。

したがって独断専行が許されているのですが、良識がある人だったら、有益なアドバイスには耳を傾けるでしょう。「ティール組織」というのは、基本的に社員の良識に全面的に信頼を置いた組織です。

二番目の「責任の重さ」の議論は、ほとんど結論が出ません。一般に社長の給料は高いですが、それは会社の運命を左右するような重いデシジョンをしなければいけないことに対する対価と考えられております。

デシジョンすることに慣れておらず、そういうトレーニングも受けてこなかった、安給料の一介の社員がその責任の重みに耐えうるだろうか、というのは、いくら議論をしても誰にもわかりません。

でも、あまたの「ティール組織」で、社員が責任の重さに耐えかねて鬱病になった、という話はあまり聞きません。

実際に「ティール組織」を運営してきた、武井浩三も「何となく個人の責任というよりは、集合的な責任に移行するような気がする」といっておりますが、明快な結論は持っていません。

『ティール組織』の本では、同じ意味で「トータル・レスポンシビリティ(全体責任)」という言葉が出てきますが、詳しい説明はありません。

本来の「責任」という言葉には、「逃げないで真摯に物事に向き合う」、「いい結果が出るように、最大限の努力をする」、「結果を重く受け止める」などの意味があったと思います。ところがいま、一般に「責任」という言葉には、とてもネガティブで重い響きが伴っています。「責任を取る」というのは、多くの場合辞めることです。そこに私は「ハラキリ文化」の伝統を感じます。

6章で述べた「スケープゴート」も、陰湿な「ハラキリ文化」の伝統の一部でしょう。失敗を誰かのせいにして、その他の人たちは責任を逃れるわけです。

その背景には、失敗は絶対にあってはならない、という基本思想があります。ハラキリも含めて、生贄（いけにえ）を上げてでも、失敗を償わなくてはいけない、という発想です。本来なら、誰かが辞めたからといって、何の解決にもならないのですが、生贄を上げることによって集団としての悪い循環を断ち切る、といった一種の宗教的な儀式なのかもしれません。

日本社会は、生命を賭してでも「責任」を追及するというフィロソフィーのもとで何百年も過ごしてきました。ほとんどの人は、それに何の違和感も持っていないでしょう。

いま、その伝統にひびが入ろうとしています。本書はおそらく、それを指摘する最初の本になるでしょう。

すでに6章で述べていますが、「失敗」という概念は結果に対する執着から生まれます。「実存的変容」を超えると、結果に対する執着が消え、したがって「失敗」という概念もなくなります。「失敗」がなくなれば、誰も責任を問われなくなります。「えーっ！」というあなたの声が聞こえてくるようです。論理はわかっても、とても心の底から納得できるような話ではないからです。それは当然です。

人類は、世界のほとんどの地域で、何百年となく、「結果に執着」し、「失敗」しないように願い、「責任」と追及する社会を営んできたのです。いきなり、その強固な社会的常識がひっくり返る、といわれても、とても飲み込めるわけはありません。

「怖れと不安」がなくなると結果に執着しなくなる、と何度も述べてきましたが、その結果の中には「倒産」も含まれます。たとえ倒産したとしても、ああ、そういう運命だったのね、と淡々と受け止めるという意味です。

いままでの企業経営だと、「倒産は絶対にあってはならない」というのが暗黙の絶対的な前提条件でした。たしかに倒産は、社員にも、その家族にも、関連する多くの企業や人たちに対して、多大に苦痛と迷惑をかけます。できれば、ないにしたことはありません。

でも、「絶対にあってはならない」と思っていても、倒産するときには倒産します。かえって「倒産したら大変だ」という思いがビビりを生み、思い切った施策が打てなくなり、倒産を早めることもあるでしょう。

私は、「倒産は絶対にあってはならない」と思っているより、「倒産も含めて結果に対する執着を断ち切っている」ほうが、はるかに倒産は少なくなると思います。

サッカー日本代表の監督を務めたこともある岡田武史さんは、「勝ちたい勝ちたいと思っているとなかなか勝てない。たまに勝つときもあるが、それは相手の監督がもっと勝ちたいと思っているときだ」とおっしゃっていました。スポーツの世界でも、結果に対する執着はタブーなのです。

結果というのは未来です。結果に執着するということは、意識が未来に逃げているのです。これは、「いま・ここ」にいないといいプレーができないスポーツでは致命的です。優れたスポーツ選手は、例外なく、結果に対する執着が薄く、「いま・ここ」

に集中できる人です。

もちろん、「強くなりたい！」という「志」は大切であり、それがないと練習にも力が入らないでしょう。でも、「執着」と「志」はまったく別の生き物であり、多くの人がそれを混同しています。

結果に執着して、責任を厳しく追及するいまの社会の風潮は、もう何百年と続いているので一般常識として定着しており、誰も疑いを持っていません。「実存的変容」の波が押し寄せてきて、人類はようやくその呪縛から逃れられる時代に差し掛かっているのです。

本章の小さな一歩は、ちょっと世の中の顰蹙（ひんしゅく）を買うかもしれません。

小さな一歩 8

徹底的に「無責任男」、「無責任女」になりましょう！

9章

「自分軸」を取り戻す!

「意識の変容」というと、ほとんどの人が仏教でいう「悟り」に近づくとか、「聖人」のようになる、と錯覚しています。でも、それはまったくの誤解です。むしろ逆に「いい人」ではなくなってしまうのが「実存的変容」なのです。

すでに4章で述べましたが、私たちは「こうあるべきだ」という「ペルソナ」を表に出して、「いい人」を装って生きています。人の目、世間様、社会の評価などを気にして、「立派な社会人」、「良き隣人」を演じているのです。

ところが人間の実態というのは、誰しもがはるかにドロドロしていますから、「こうあってはいけない」、「表に見せてはいけない」衝動や性癖は、見えないように抑圧しなければ「いい人」は演じられません。それは「シャドーのモンスター」として、心の奥深くで巨大に育っています。

「実存的変容」というのは、それまで激しく分離していた「ペルソナ」と「シャドーのモンスター」が統合することです。つまり、いままでは「いい人」だけを表に出して生きてきたのに、「悪い人」、「弱い人」、「だらしない人」であることを隠さなくなることなのです。

何も装っていない「ありのままの自分」が表に出てくる、といってもよいでしょう。ある意味では自然体で、オープンで、とても親しみやすくなるかもしれません。でも、決して道徳的な「いい人」ではありません。

すごく表面的に見ると、「あんなにいい人だったのに」という感想が聞こえてくるかもしれません。でも、本人は「世間様軸」で生きてきたのが、「自分軸」を取り戻したことになり、生きるのがとても楽になります。

典型的な、わかりやすい一例をあげましょう。永年、良妻賢母で通ってきた女性が、ある日突然若い男に狂ったとします。

社会倫理に反するので、世間からは後ろ指をさされるだろうし、家族・親戚からも激しく糾弾されるでしょう。しかしながら、世間様を意識して作ってきた良妻賢母という枠を壊し、女性としての、より根源的な欲求に従ったので、これは「自分軸」を取り戻した、ともいえます。つまり、「実存的変容」のひとつの表現だったかもしれません。

「いい人」という概念の背後には、社会的な倫理観が必ずあります。4章で述べたように、社会的倫理観というのは、その時代のその地域の人間集団が勝手に作ったものであり、人間の根源的なあり方とはまったく関係ありません。

「実存的変容」というのは、社会に無理やり合わせて生きてきたのを、人間としての本来の姿に戻ること、つまり社会が決めた倫理観から脱却することでもあります。

倫理観というのは、「いい・悪い」を規定していますが、1章の表現を使えば、人間にとって「いいも悪いもない」のです。


私たちがおぎゃあと生まれた時に、当然のことながら社会は厳然と存在していました。自分は弱々しい、ちっぽけな存在なのに、社会は巨大で絶対的な存在に見えます。一般に社会性を身につけることが成長だ、といわれますが、幼児の頃から必死になってその社会に受け入れてもらう、適合していく、ということを学ばないと生きてはいけなかったのです。

成長するというのは、社会に受け入れてもらうために自分を殺すことを覚える、という悲しい側面を伴っています。適合するために作ったのが「ペルソナ」であり、殺されて押し込められたのが「シャドーのモンスター」です。

由佐美加子は、人生のライフサイクルを分析し、社会に受け入れてもらうために自分を殺して生きている時期を「適合期」と名付けました。ほとんどの人が同じように生きているし、それがあまりにも当たり前なので、自分では必死に適合していることに気づきません。この時期の人は、自分の人生はそこそこうまくいっていると認識しています。

ところが、自分を殺して生きていくことには、やはり無理があります。それが限界に達して、ありとあらゆるトラブルに見舞われる時期がやがて訪れます。社会的な地位、社会の中での人間関係、家庭内の人間関係、自分自身の身体や精神の不調、などなど、いろいろな局面で「不都合な現実」が山のように押し寄せてくるのです。どこにも出口が見えない八方ふさがりの状態です。ほとんどの人がパニックになってしまいます。

従来は、このような集中的なトラブルは、たまたま偶然起きた、と捉えられていましたが、由佐美加子は、「長年自分を殺して生きてきた限界に達したためだ」と見抜き、この時期を「直面期」と呼んでいます。またこれは、変容のためのとても大切な前奏曲だ、とも述べています。

「適合期」の間は、社会の価値観がすべてです。それこそ目標を作って必死に努力して、成功への階段を必死に上っていきます。それ以外の価値観にはほとんど目が行かないので、その人生に何の疑問も抱いておりません。

ところが「直面期」にさしかかると、その順調な人生に暗雲が立ち込めてきます。社会の価値観にどうしても沿えなくなった時、人は初めて自らの内面に意識を向けます。それが変容への出発点になります。


由佐美加子との共著『ザ・メンタルモデル 痛みの分離から統合へ向かう人の進化のテクノロジー』(内外出版社)をまとめるとき、読者の参考になるように、私自身の意識の遍歴を書きました。はからずとも、自らの人生を詳しく見つめる機会になり、それまで気づいていなかった「直面期」がしっかり存在していたことがわかりました。

まだ30代で、業務用デジタル・オーディオ機器ビジネスの実質上の責任者をまかされました。客観的に見れば大抜擢でしたが、親分子分の人間関係を重視する副社長のもとに配属され、子分になることを拒否したので、徹底的にいじめ抜かれました。人間ドックで重い心臓病と診断され、家族離散も経験しております。

3章で述べたように、「CDの発明者」として社会的成功を収めたのにもかかわらず、「怖れと不安」はさっぱりなくならず、さらなる成功に向かって梯子を駆け上ろうとしたのですが、その方向性に急ブレーキがかかった感じでした。

その時は、正直いってパニックになりましたが、いまから振り返ると、「そっちじゃあないよ」という、誠に親切な天のはからいだったように思います。あのままさらなる社会的成功を目指して走り続けたら、仕事と出世ばかりに気を取られたいびつな生き方が肥大し、どこかで本格的に身体を壊していたでしょう。42年間のサラリーマン生活で、そういう人をたくさん見てきました。

「直面期」というのは確かにつらい経験ですが、そのくらいの体験をしないと、なかなか社会軸から自分軸へと切り替えられないようです。由佐美加子は、一度の「直面期」で本人が気づくことができないと、さらに激しい、もっとつらい体験に襲われる、と説いています。

彼女が何を根拠にそういっているのかはわかりませんが、おそらくそういう実例を見ておられるのでしょう。何となく、「天のはからい」、「天の意志」を感じさせる話ですね。

もし、「直面期」が「天のはからい」であるとすれば、「自分を殺して、社会に適合して生きる」ということを天が賛成していない、ということです。もっと「自分軸」で生きなさい、というのが天のメッセージなのでしょうか。

もしそうだとすると、もっと早く気付いて「自分軸」を取り戻すプロセスに入れば、「直面期」のようなつらい体験をしなくて済むはずです。

社会が進化して、「実存的変容」を超えた人が増えれば、社会の中にそこまで成長する仕組みがひとりでに組み込まれるでしょう。そうすれば、皆、早めに気付くので、誰ひとりとして「直面期」などを経験せずに普通に社会生活を送っているだけで変容できると思います。

しかしながら、いまはまだ、社会はそこまで進化しておりません。ちょっと前だと、私のようにつらい「直面期」を経て、ようやく「自分軸」を取り戻していくのが普通だったでしょう。そして、本書の第2部で述べるような、ちょっと深いワークをしないと「実存的変容」には向かえませんでした。

15年にわたる「天外塾」は、まさにそういうヘビーな瞑想ワークをいかに工夫して、塾生に提供するか、ということに燃えてきました。失敗もありましたが、とても多くの発見があり、人間に対する理解が深まり、私自身の学びに繋がりました。

方法論が充実するに伴い、「実存的変容」を超えていく塾生が飛躍的に多くなってきました。それと同時に、深いワークを実施しなくても、ちょっとしたヒントだけでも変容する塾生が増えてきました。やはり社会は着実に進化を遂げているようです。

そしていま、かなりの%の人が、本書の第1部の「小さな一歩」だけでも「実存的変容」を超えていけると確信しております。これでまだ不十分と思われた方は、ぜひ第2部の方法論をお試しください。変容が一層加速するでしょう。

本書は、読者の皆様が、いま自分は自らを殺して「社会軸」で生きている、ということに気づき、「自分軸」を取り戻すプロセスに入ることを願って書いております。首尾よくいけば、「直面期」などを体験せぬまま、スムースに「自分軸」を取り戻していけるでしょう。

さて、本章の小さな一歩ですが、少しずつ「自分軸」を出していく練習をお薦めします。

小さな一歩 ❾

思い切って「いい人」、「立派な社会人」、「良き隣人」をやめてみましょう。無理する必要はありませんが、少しずつ「ボロボロな自分」、「ドロドロした自分」、「弱い自分」、「汚い自分」を表に出す練習をしてみましょう。それを表に出しても、それまで思っていたよりも世間の評判は下がりませんよ。

10章

恋愛の深層構造をひも解く

恋愛というのは、ほとんどの人にとって人生最大の課題だったと思います（うっかり過去形で書いてしまいました。現在進行中の方、ごめんなさい）。だから、多くのドラマ、小説、歌、映画の主要テーマになっています。でも、心理学的によく分析すると、恋愛のベースは、「エゴ」と「性欲」です（注：過去形で書けるから、こういう冷静な分析ができるのです）。

誰しもが憧れる、甘く、切なく、ロマンチックな恋愛のベースが「エゴ」と「性欲」だ、というのは何とも無粋な話だし、夢を壊す感じだし、身も蓋もないと思われたかもしれません。

でも、恋愛中は胸がときめくだけでなく、苦しさや焦りも伴いますよね。なぜ苦しいかというと、自分が受け入れられるかという不安に加え、独占欲が発揮され、嫉妬に苦しむからです。独占欲も嫉妬も「エゴ」が発揮された結果です。「エゴ」が極まると執着が強くなり、ストーカーになります。

小説や歌では、恋愛の甘く美しい面ばかりが強調されますが、実際の心理プロセスは、かなりドロドロしたものがあります。

前章で「永年良妻賢母だった女性が、突然若い男に狂った」という例を挙げました。「実存的変容」の例です。しかしながら、もしその時、女性が激しい恋愛感情に燃え上がったとしたら、「実存的変容」でも、まだその入り口付近にいることになります。激しい恋愛感情というのは、「シャドーのモンスター」が強力に暴れている証拠だからです。

「実存的変容」の前後で、恋愛の様相は大きく変化します。一般に知られている恋愛は、「実存的変容」以前の姿であり、激しく燃え上がり、独占欲と嫉妬にとらわれています。「実存的変容」を超えると、独占欲も嫉妬もなくなり、もっと静かで淡々とした感じになります。

本章では、「実存的変容」以前の恋愛として、エリック・クラプトンの恋愛を、また「実存的変容」を超えた恋愛として、樹木希林の例をご紹介いたします。

最初に、ちょっとマニアックになりますが、『エリック・クラプトン　12小節の人生』というドキュメンタリー映画のご紹介をしましょう。

クラプトンはビートルズのジョージ・ハリソンの妻、パティに激しく恋をして関係を持ちました。その後ハリソンの元に戻ってしまった彼女の気持ちをもう一度取り戻そうとして、狂気のようになって彼女に対する愛を込めたアルバムを制作した、というエピソードが描かれています。ここまで情熱的な恋愛ができる人はそうはいないでしょう。

そのアルバムではパティの気持ちは戻らなかったのですが、やがて、ハリソンとの関係が悪化してパティはクラプトンのもとに来ます。クラプトンにしてみれば、ようやく長年の想いがかなったことになりますが、どうしたわけか、この結婚はほどなく破綻してしまいます。

パティが人妻であった時には、クラプトンは勝手に「理想の異性像」を投影して、(本人ではなく)そのイメージと激しく恋をしたのです。毎日顔を突き合わせるようになると、生身のパティが見えてしまい、「理想の異性像」とのギャップに幻滅した、というのが真相です。

映画の中でもクラプトンが、「遠くに眺めていた時が良かった」と、それに類する述懐をしています。パティには何の落ち度もなく、「理想の異性像」には程遠い、生身の人間だったというだけの話です。恋をするのも、幻滅するのも、まったくクラプトンのひとり相撲です。これが、「シャドーのモンスター」が強い時の典型的な恋愛のパターンです。読者の中にも類似の恋愛経験をお持ちの方が多いと思います。

まったく同じことが、「聖者」への崇拝でも起こります。「理想の人間像」を投影してあこがれるのですが、やがて生身の人間に接して幻滅する、というパターンです。これに関しては、拙著『日本列島祈りの旅　1』(ナチュラルスピリット)に詳しく書きました。「聖者」がすでに死んでいれば、幻滅のしようがないので、「理想の人間像」への信仰として継続されます。いま、人々が抱いているキリストや仏陀のイメージは、投影された「理想の人間像」です。

心理学の教科書にはネガティブなイメージを投影して戦う、「シャドーの投影」の話しか書いてありませんが、「理想の異性像」、「理想の人間像」などのポジティブなイメージを投影して幻滅する、というパターンもあるのです。

ネガティブな「シャドーのモンスター」がしっかりと存在すると、「こうあってはいけない」と、その反撥がおき、逆にポジティブなイメージを強引に作り出して投影が起きるので、要因はやはり「分離」です。

　クラプトンの場合には、その後別の女性との間に生まれた4歳の息子がビルから転落死するという、とんでもない悲劇に見舞われますが、それを契機に「実存的変容」を遂げたと思います。それが何でわかるかというと、「Tears in Heaven」という曲からです。子どもの死という人間として極限に近い悲しみの中で、悲しみを直接表に出さないで、このような静かで深みのある歌が書けた、ということは「実存的変容」の証拠です。

Would you know my name
If I saw you in heaven?
Would it be the same
If I saw you in heaven?
I must be strong and carry on
'Cause I know I don't belong here in heaven
（以下略）

「天外による意訳」
・・・・もし天国で、またお前に会うようなことがあるとしたら
お前は俺の名前を憶えていてくれるだろうか
俺たちは、また昔と同じように過ごせるのだろうか
ああ、俺は強くならなくちゃ
そして、お前がいなくなった世界で生き続けなくちゃ
そう、俺はまだ、この天国の住人じゃあないんだ・・・・

「実存的変容」を超えると、火のように燃え上がる恋愛ではなくなります。静かで淡々としていますが、独占欲や嫉妬が少なくなってくるので、相手が他の異性と仲良くなってもさほど気にならなくなるでしょう。

また「実存的変容」に達すると、愛は「性愛」と「執着的な愛」だけではなく、普遍的な「真我の愛」、つまり「無条件の愛」の比率が高くなってきます。そうすると、「理想の異性像」を投影しなくなり、欠点だらけの「生身の人間」をそっくりそのまま包み込み、愛せるようになります。もしクラプトンが、この曲を書いた後でパティと一

緒になっていたら、おそらく破綻することはなかったと思います。

２０１９年3月17日に肺炎で死去した内田裕也さん（享年79歳）のお別れの会「内田裕也　Rock'n Roll葬」が４月３日、東京・青山葬儀所で営まれました。

喪主を務めた長女のエッセイスト内田也哉子さんの謝辞から一部引用します。

――母は晩年、自分は妻として名ばかりで、夫に何もしてこなかったと申し訳なさそうにつぶやくことがありました。「こんな自分に捕まっちゃったばかりに」と遠い目をして言うのです。そして、半世紀近い婚姻関係の中、おりおりに入れ替わる父の恋人たちに、あらゆる形で感謝をしてきました。私はそんなきれい事を言う母が嫌いでしたが、彼女はとんでもなく本気でした。まるで、はなから夫は自分のもの、という概念がなかったかのように――

この謝辞から、樹木希林は独占欲も嫉妬もなく、明らかに「実存的変容」を超えており、決してきれいごとをいっていたのではないことがわかります。でも、ここまで淡々としてくると、もう小説や歌の題材にはならないかもしれませんね。ちょっと寂しい感じもします。あるいは、恋愛のダイナミズムというのは、「シャドーのモンスター」が激しく暴れている方が、一般には好まれるかもしれません。

さて、「実存的変容」前後の恋愛の様子を、エリック・クラプトンと樹木希林という有名人を例に引いてお話してきました。クラプトンと同じように、「理想の異性像」を投影する恋愛のパターンは、いたるところで見られ、珍しくはありません。読者のほとんどのご経験もこちらでしょう。

でも樹木希林のような淡々とした恋愛の例は、あまり見かけないでしょう。それは、「実存的変容」を超えた人の割合が極めて少ないからです（R・キーガンによれば1％、まえがき参照）。

あなたがいま恋愛中だとして、自らの独占欲や嫉妬をなくそうと、いくら努力をしてもなくなりません。自己否定（2章）で述べたように、なくそうとすればするほど、逆に、それは意識の底に押し込められて、モンスターに育ってしまいます。

まず小さな一歩としては抑え込まないで、しっかり意識するところから始めましょう。

小さな一歩⑩

いま、あなたが恋愛中なら、まず自分の中に「独占欲」と「嫉妬心」を見つけましょう。何かの折にそれは顔を出すはずです。相手が、ちょっと別の異性に関心を持ったときとか、自分を見てくれないときとかです。「独占欲」と「嫉妬心」を発見したら、絶対にそれをなくそうとしたり、抑え込もうとしたりしないでください。むしろ、大切に大切に、それを守り、育ててください。「独占欲」も「嫉妬心」もあなたの一部であり、切り捨てるべきではないのです。そして、その「独占欲」や「嫉妬心」が、あなたの言動にどういう影響を与えているか、ちょっと離れた位置から見てみましょう。

第2部

少し本格的な修行をしてみよう！

「実存的変容」というのは、心の奥底の方に巣くっている「シャドーのモンスター」と対峙しないと達成できません。一般には、表面的な意識レベルのワークでは、なかなか心の奥底には届かないのですが、第1部では数多く繰り返すことにより、心の奥底にまで影響を与える手法をお伝えしました。これは、スポーツのメンタル・トレーニングなどでよく使われている手法です。

一方、心の奥底に直接的にアプローチする手法としては、瞑想と催眠がよく知られています。天外塾では15年にわたり、いろいろな瞑想法を工夫してまいりました。第2部では、その一端をご紹介いたしましょう。

11 章

鳥の瞑想

1章では「いい・悪い」の判断から離れる、ということについて述べました。「小さな一歩」としては、単に判断していることに気づくワークでした。本章では、もう少しそれを深めることにしましょう。

当たり前の話ですが、私たちは常に自分の視点でものごとを見ていますね。正確にいうと自分の視点でしかものごとは見えません。でも、もし相手から見たらどう見えるだろうか、という推定ができるようになると、交渉は上手になるし、人間関係は一段と豊かになるでしょう。

さらには、自分の視点でも、相手の視点でもなく、第三者の視点から物事がどう見えるか想像ができるようになると、人間としての風格が一段と高まります。第三者の視点ですべてが見えるようになることを「メタ認知」と呼びます。

インディアンの長老は、部族の中で裁判官の役割を担っていますが、文明国の裁判官のように判決を下したりはしません。たとえば、AさんとBさんの紛争を調停するとき、3人で一緒にスウェットロッジに入ります。スウェットロッジというのは、小さな布製の小屋に焼けた石を入れてサウナ状態にするインディアンの癒しの儀式です。

そして、長老が祈り、Aが祈り、Bが祈り、それを延々と繰り返すのです。AとBが対話すると喧嘩になってしまうので、それはやりません。不思議なことに祈りを繰り返しているうちに、紛争はひとりでに解決をしてしまうのです。

私は、お互いのエゴをぶつけ合って、激しく表面的な議論を戦わす文明国の裁判より、はるかに洗練されており、スマートだと思います。

さて、スウェットロッジでどうして紛争が解決するのでしょうか。ひとつには、ものすごく熱いということがあります。あまりの熱さに、理性が働かなくなり、装いが解けて人間の本性が出てきます。

もうひとつは、祈りを繰り返すことにより、「神の視点」を意識するようになることです。裁判官が裁かなくても、当事者が神の視点を意識できたら、ひとりでに解決に向かうでしょう。

4章で述べたように、私たちは外界を見るとき、自らの内側の意識構造のフィルターを通してしか見られません。AとBが直接話すと、お互いに自らの「シャドーのモンスター」を相手に投影するので、「いい・悪い」、「正義と悪」のパターンの中でのやり合いになり、喧嘩になるだけで解決に向かいません。ところが神には投影しにくいので、「神の視点」は限りなく透明になります。

「神の視点」というのは、究極の「メタ認知」であり、「実存的変容」へ向かう有力な手掛かりとなります。


天外塾では、「神の視点」のかわりに「真我（アートマン）の視点」を使います。真我というのはヒンズー教の教えであり、エゴの奥深くにいる、「ペルソナ」とか「シャドーのモンスター」に毒されていない、純粋無垢で本質的な自分自身のことです。

ユングは「シャドーのモンスター」のさらに奥深くに「神々の萌芽」が眠っていることを発見しましたが、これが真我のことです。仏教では、真我の性質だけをとらえて「仏性（仏になる種子）」と呼んでいます。

俗にいう、守護霊とかハイヤーセルフとかも、基本的には真我の概念に重なります。

しかしながら、「真我」、「守護霊」、「ハイヤーセルフ」などの言葉を使うと、人はとかく「いい・悪い」の判断に陥りやすくなります。いま、そこから離れるワークを計画しようとしているので、それでは逆効果です。

そこで、まったくおバカな「鳥」に自分を見てもらう、というワークを作りました。「鳥の瞑想」と呼んでおりますが、瞑想ワークではなく、３６５日24時間の気づきのワークです。

自分の右後方約３ｍの位置に鳥が飛んでおり、片時も休まずに自分を見ている、というだけの単純な観想です。ただし、そのとき鳥は「客観的に」、「中立的に」、「冷静に」、「いい・悪いの判断をしないで」、ただひたすら見てくれていると思うのです。

たとえば、あなたが全財産を失った状況を想定してみましょう。あなたはもちろん、とんでもないことが起きたと落ち込み、パニックになるでしょう。でも、あなたを見ている鳥は、まったく「いい・悪い」の判断をせず、「あ、あなたはいま全財産を失いましたね」と冷静に事実だけを見てくれていると無理やり思うのです。

もちろん、本人が冷静になれればいいのですが、極限状態ではそれは無理でしょう。そこで、すったもんだしている自分を冷静に見ている鳥を想定するのです。極限状態でも、もし鳥を思い浮かべることができたなら、パニックが少しは収まるでしょう。それができるように普段から鳥のイメージをしっかり固めておくのです。

逆にオリンピックで金メダルを取ったとしても、有頂天になっているあなたを尻目に鳥は冷静に「あ、あなたはいま、金メダルを取りましたね」と事実だけを見てくれている、と思うのです。

自分を常に見てくれている鳥を想定するだけで、あなたの精神は見違えるように安定してきます。最終的には、あなたの視点が鳥と同じようになることが「実存的変容」なのですが、まずはそこまでは欲張らず、自分自身がすったもんだすることは許しましょう。それを許さずに、無理やりに冷静になろうとすると、第1部で述べたごとく、かえってモンスターを大きく育ててしまいます。

1章の「いい・悪い」の判断を超えるワークが、どちらかというと、どうでもいいような細かい判断を対象にしていたのに対して、本章のワークはかなりヘビーな状況まで含みます。

さて、このような「鳥の瞑想」がどういう経緯でスタートしたか、ちょっとだけお話ししましょう。

２０１３年度後期天外塾（10月開講）に、株式会社で農業をやっておられる女性が参加されました。姑との人間関係に悩んでおられましたが、聞いてみるとやはり自己否定が強く、表面的な方法論では解決できそうもありませんでした。

そこで下記に示す「鳥の瞑想」の手順をその場で考え、１カ月間実行していただくことにしました。

１カ月後の「天外塾」で、その塾生はとても効果があったと報告してくれました。子どもが熱を出した時に、何のてらいもなく姑に世話を頼むことができ、それをきっかけに関係性が劇的に改善したということでした。

「いままでは、電車の運転席のすぐ後ろで、前方をすごい勢いでにらみつけるように生きてきた。それが、３両目くらいに下がって、全体を遠くからボーっと眺められるようになった。生きるのが、とても楽になった」

……と、報告してくれました。これは、「メタ認知」が獲得できた見事な表現です。

それ以降、天外塾では、塾生全員がこの「鳥の瞑想」を実行するようになりました。これだけで「実存的変容」を超えていく人もたくさん出てきました。

逆に失敗例もあります。もっとも典型的な失敗は、鳥が肩に乗ってちゅんちゅんと突っついてくる例です。近付いてくると、冷静な鳥ではなくなり、むしろ自己否定の言葉を吐くようになってしまいます。必ず、3m以上の距離を取らないと逆効果です。
（注）

「鳥の瞑想」

① 自分の右上後方3mの位置に「鳥」が飛んでいるとイメージする。鳥はハチドリのようにホバリングしていても、トンビのようにゆったりと気流に乗っていても、旋回していてもよい。

② 鳥は、自分のことを「客観的に」、「中立的に」、「冷静に」、「いい・悪いの判断をしないで」見てくれている、と観想する。

（注：何か物事が起きた時、あるいは人と対峙した時、自分はいろいろな情動にとらわれ、「いい・悪い」を決め付ける。それを抑圧しようとはせず、そういうすったもんだしている自分とは別に、まったく動じない鳥がいる、と思う。たとえ全財産を失っても、あるいはオリンピックで金メダルを取っても、鳥は悲しんだり、有頂天になったりしないで、ただ、ありのままの事実を淡々と眺めている）

③鳥に名前を付ける。

④これは、365日、24時間のワーク。忘れていても、ふと気付いたら鳥をイメージする。

⑤朝晩、軽い瞑想をして「〇〇ちゃん、いつも見守ってくれてありがとう」と、鳥に感謝する。これは、自分に「鳥の瞑想」を続けているよ、と念を押す儀式。

⑥イメージの中で、鳥が近付いてきたら失敗。必ず3m以上の距離を取る。

（注：鳥は「真我」の象徴、本来、古い脳が担当する「あの世」の存在です。「あの世」には時間・空間がないので、鳥は、どこにいるかわからない非局所的な存在であるべき。それを、3m以上の距離を取ることで象徴的に表しています。鳥が近付いてくると、非局所的な存在が破れ、大脳新皮質の住人である「自己否定」を呼び出してしまいます。そこから脱却するのが「メタ認知」）

12章

「天敵」が消える魔法の瞑想

職場を移っても、次々と「天敵」が現れる人が結構います。ことごとく自分に意地悪する嫌な先輩からようやく離れられると思って職場を移ると、次の職場にもやはり意地悪な同僚がいた、などの例です。世の中どうしてこんなに意地悪な人が多いのだろう、という嘆きが聞こえてきそうですね。

第1部をお読みいただいた読者は、もう薄々お気づきと思いますが、その人はたまたま運が悪いのではなく、自分自身で「天敵」をねつ造しているのです。だから職場をいくら変わっても必ず天敵が現れます。自分自身で作っているので逃れようがありません。

ところが、本人にそれをいっても絶対に納得しません。「いやいや、あの人はどこからどう見ても絶対に意地悪なんだよ。AさんもBさんもそういっている」と主張するでしょう。客観的に見ても、その人が本人に意地悪をしているのは事実かもしれません。

でも詳しく分析すれば、本人がその人の意地悪を引き出しているのです。本人はそのことに気づけません。

すでに4章でご説明しましたが、ほとんどの人は「こうあるべきだ」という「ペルソナ」と、「こうあってはいけない」という「シャドーのモンスター」に激しく分離した構造を心の底に抱えています。その分離を投影したのが「正義と悪」になるのですが、「天敵」も同じです。

「ペルソナ」は常に自分の方に投影しており、「シャドーのモンスター」を相手に投影するので、「私は正しい」、「あんたが悪い」という認識構造を心の奥底に強固に抱えて、その人と対峙します。たとえ言葉に発しなくても、この認識構造は必ず瞬時に相手に伝わります。その人が意地悪なのは、「あんたが悪い」と決めつけられたことに対する、当然の反応なのです。

「天敵」が常に現れる人は、よくよく観察すると、お店の店員とかタクシーの運転手とか、初対面の第三者にも意地悪な人が必ず現れてトラブルになります。「私は正しい」、「あんたが悪い」という認識構造は、「天敵」だけでなく、ありとあらゆる人が対象になります。おそらく、家族の中でもトラブルが絶えないでしょう。

天外塾にSさんという塾生がおられました。ご自身でもいろいろなセミナーを主催しておられる名の知られた経営コンサルタントです。ちょうど入塾された直前に、手ひどい裏切りに遭い、その人に対する激しい怒りを抱えておられました。天外塾6カ月、その後卒業生のための3つの瞑想ワーク（「インナーチャイルドワーク」、「親子の葛藤を解消するワーク」、「運力強化セミナー」、それぞれ3カ月、15章参照）、合計1年以上にわたってワークを続けられました。

セミナーに出るたびに体調を崩し、入院騒ぎを繰り返されました。これは大きな意識の変容を起こすときによくみられる現象で、よくわかりませんが、意識の変容の影響が身体にも出るようです。

また、怒りの解消が進んでいるときには、家中の電気製品が壊れました。テレビ、冷蔵庫、洗濯機からパソコン、スマホに至るまで次々に故障していくのです。これも天外塾ではお馴染みで、何十例と出ています。科学的な説明はできませんが、怒りのエネルギーが強烈で、電気製品に影響を及ぼすのでしょう。私は、「パウリ現象」と呼んでいます（ノーベル賞物理学者のパウリが近付くと、実験装置が壊れるというのは物理学者の間ではよく知られており、インターネットで「パウリ効果」で検索すると面白いエピソードがたくさん載っています）。

Ｓさんは、いろいろ大変でしたが、１年以上をかけて、ようやく意識の変容を遂げられました。その後、次のような感想を漏らしました。

「天外塾に出る前は、世の中のタクシー運転手は何て意地悪な人が多いのだろうと思っていました。しょっちゅう喧嘩をしていたのです。ところがいまは、タクシー運転手は親切な人ばかりだと思っています。なんか、世の中が１８０度変わったように思えます」

これが「実存的変容」の典型的な感想です。Ｓさんは、裏切られた人だけではなく、日常的に会うすべての人に「シャドーのモンスター」を投影して、悪人を製造しまくっていたことがよくわかります。裏切りもその結果です。おそらく生きるのが結構しんどかったのではないかと思われます。

でもいま、ほとんどの人が「実存的変容」以前ですから、天外塾に来る前のＳさんと同じく、悪人や天敵を作りまくって、あるいは裏切りにあって、歯を食いしばって生きていることでしょう。おそらく、この本をお読みいただいているあなたもそのひとりかもしれません。

その状態にいるときは、悪人や天敵は絶対的に悪い奴に見えるので、自分でねつ造しているなんてことは、思いもよりません。変容してはじめて「あっ！　あれは自分で作っていたんだ」と気づくわけです。

私が「悪人や天敵をねつ造する」と断言できるのは、15年間天外塾を進める中で、このような例を数限りなく見てきたからです。

人は「シャドー」を投影して戦いを始める、というのは深層心理学の基本的な教えですが、これほどまでに、やたらめったら悪人や天敵を作ってしまう、というのは私にとっては新鮮な発見でした。深層心理学もそこまではいっていないと思います。

「実存的変容」以前の人は、多くの「悪い人」に囲まれて生きているという感覚でしょう。少数の「いい人」を見つけて、その人たちにすがって生きているのです。「シャドーのモンスター」の闇が深いほど、葛藤が強いほど、あるいは自己否定が強いほど、「悪人比率」が高まります。

「悪人比率」の高い人ほど、「実存的変容」までの距離があるともいえます。冒頭で述べた、職場が変わっても常に天敵が現れる人は、相当に自己否定が強いと思ってください。

でも天敵がいるということは、逆にその天敵を手掛かりに、自己否定を解消していくワークができます。天敵が悪く見えている方が、かえってワークがやりやすいのです。

天敵がいない人は、「いやだな」、「うっとうしいな」と思う人を対象にこのワークをやっていただきたいのですが、「いやだな」という思いがあまり強くない人は効果が実感できないと思います。そういう人はむしろ「実存的変容」の入り口に近づいているので、別の方法論（例えば後述の「メンタルモデル瞑想」など）のほうが有効でしょう。

天敵瞑想

①いままで、自分の前に現れた天敵たち、あるいは自分を裏切っていった人たちのリストを作る。

②マントラを唱えて軽い瞑想に入る。

マントラは「南無阿弥陀仏」、「南無妙法蓮華経」、「アーメン」、「ハレルヤ」、「ぎゃあてい・ぎゃあてい・はらぎゃあてい・はらそうぎゃあてい・ぼうじそわか（般若心経のマントラ）」、「かんながらたまちはえませ（神道のマントラ：6章）」、「オム・マニ・ペメ・フーム（チベット密教のマントラ：6章）」など何でもいいですが、特にこだわりがなければ稲盛和夫氏推薦の下記のマントラがお薦めです。

「ナンマン・ナンマン・アリガトウ（稲盛和夫氏が小学生のころ授かった隠れ念仏のマントラ）」

このマントラだと64回くらい唱えると軽い瞑想状態に入れます。「アーメン」のような短いマントラの場合には、108回以上唱えます。マントラは声を出す必要はなく、心の中で唱えます。

③上記①のリストにある人の顔を順番に一人ひとり思い浮かべ、その人が自分に対してしてくれたひどい仕打ちを一つひとつ丹念に思い浮かべます。それを受けた時の自分の嫌な情動をもう1度しっかりと感じます。最後に、「あなたのひどい仕打ちのおかげで、私は強くなれそうです。どうもありがとう」などと、無理やり「心にもない感謝の言葉」にして終わります。祈りは声に出さず、心の中で唱えます。リストにあげた人の人数が多い場合には、1回の瞑想で全員やる必要はありません。だいたい瞑想時間は20分くらいをめどにします。

④最後にまた②と同じマントラを唱えます。これは、いやな情動を断ち切るためです。

⑤この瞑想を毎朝毎晩、1日2回行い、約1カ月続けると何らかの効果が実感できると思います。

この瞑想は、天外塾では何百例とおこなわれており、多大な成果を上げています。

天敵が突然「いい人」に変身したり、いなくなったり、あるいは自分を裏切った人から連絡が来たり、など様々ですが、瞑想で内側の世界を整えているだけなのにもかかわらず、不思議に外側で起きることが変わってくるのです。

13章

親殺しの瞑想

あらゆる人間関係の中で、親子の葛藤ほど厄介な問題はありません。私の人間心理に関する師匠であり、伝説のセラピストといわれた吉福伸逸（1943－2013）にいわせると、親子の葛藤というのは十万年以上続いている人類共通の病理だそうです。親から子へ、子から孫へと2章で述べた「自己否定」をはじめとする様々な葛藤が、延々と伝わってきているのです。親子の葛藤がない人はいません。

親子の葛藤がなぜ厄介かというと、葛藤も強いけど愛情も深いからです。どんな酷い虐待を受けた子でも、親をかばおうとします。ましてや、普通の親子関係では、自分を育ててくれた親に対する愛は、本人は気付いていなくても強大です。その愛が、葛藤が表に出てこないように押し込める役割を担っており、なかなか葛藤が解消できないのです。

私が親子の葛藤の問題に最初に気づいたのは、1997年に15人ほどのメンバーを引き連れて、スコットランドのフィンドホーンというスピリチュアル・コミュニティーを訪れた時でした。当時はまだ、創立者のアイリーン・キャディが存命中で（2006年12月逝去）、神の声を聴いてフィンドホーンを設立した経緯や、不毛の砂地で妖精の声を聞いて始めた農業で、巨大な作物が採れたなど、「フィンドホーンの奇跡」がとても有名でした。ご一緒した15人のメンバーは全員葛藤が強く、やっとの思いでこの奇跡の地にたどり着いた、という感じでした。

フィンドホーンには、マリオン・リーというよく知られたスピリチュアル・カウンセラーがおり（２０１９年7月逝去）、全員がセッションを受けました。英語をしゃべれない人が多かったので、私は通訳として7、８人のセッションに同席しました。

それぞれの悩みや葛藤はまったく違うのですが、セッションが進むうちに、全員が親子の葛藤の問題に気付いて大泣きする、というパターンが繰り返されました。このセッションだけでは、解決には至らないので、家に帰ってから、毎日行う瞑想法が示されました。

それは、目の前に椅子をふたつ置いて、目を閉じて両親がその椅子に座っているイメージをして、仮想的な対話をする、というワークです。

後になって、これがゲシュタルト・セラピーの「エンプティ・チェア」という正統的な方法論であることを知りました。マリオン・リーは、単に直感とチャネリングだけを頼りにしたスピリチュアル・カウンセラーではなく、正統的な心理療法の手法をしっかりと身に着けておられました。

この時のフィンドホーンで、私は、人々が現在直面しているあらゆるトラブルの底に、必ず「親子の葛藤」の問題が横たわっているということと、「エンプティ・チェア」という瞑想の方法論を学びました。

2005年から、日本経営合理化協会に請われて、自分で意図したわけでもないのに経営者向けの「天外塾」がスタートしました（5章参照）。そこで、このフィンドホーンでの体験が、思いも掛けずに役に立つことになりました。その経緯をお話ししましょう。

その時の塾生の中に、かなり年配の経営者がおられました。息子への事業承継問題をはじめとして、様々な問題に悩んでおられました。ご自身も、父親からの事業承継の折には筆舌に尽くしがたいトラブルを体験しておられ、15年前に亡くなった父親のことを考えると、いまでも身震いをするほど憎い、といっておられました。

私は、それほど深くは考えずにフィンドホーンで学んだ「エンプティ・チェア」を実行していただくことにしました。椅子の代わりに座布団を置いて、そこに父親が座っているイメージをして、毎朝、毎晩、瞑想をして仮想的な対話をするのです。

１カ月後の天外塾で、その塾生は父親に対する憎しみがまったく消えているのに気付き、びっくりされました。それから程なく、息子さんとの事業承継問題をはじめとする、様々なトラブルがスルスルと溶けていきました。

これには、私の方が驚愕しました。普通、息子さんとのトラブルがあれば、本人と息子さんの関係性に注目して、何とか改善しようとするでしょう。ところが、そこにはまったくタッチせず、15年も前に亡くなった父親との瞑想ワークだけで、息子さんとの関係性が良くなったのです。

このことから、たとえ父親が亡くなっていても、父親のモンスターが心の奥底で生きており、人はそれに支配された人生を送っている、ということに気づきました。「シャドーのモンスター」という呼び方はこのことから思いつきました。

ずーっと後になって、私はこのケースはビギナーズ・ラックだったことに気づきました。この塾生は、20年以上にわたって坐禅や断食に熱心に取り組んでいる瞑想のベテランであり、だからこそ、「エンプティ・チェア」ワークが劇的に効果を上げたのです。

その後も「天外塾」は、(株)アルマック(当時)、日本能率協会などの主催で開催され、2009年からは新たに設立された(株)オフィスJK主催で今日に至るまで継続しています。札幌、大阪、松山、鹿児島などでも、それぞれ現地の主催者のもとで開催されています。

当初は、「フロー理論」、「フロー経営」を情報としてお伝えすることを中心に、時折、葛藤が特に強い人を対象に瞑想ワークを宿題として出していました。うまくいったケースもそうでもないケースもありましたが、次第に瞑想ワークをブラシアップしていき、瞑想のベテランでなくとも効果が上がるように工夫を重ねてきました。ケースごとに瞑想法を少しずつ変えておりますが、葛藤で生じた情動をしっかりと感じる、という共通点があります。

結果的には、「エンプティ・チェア」からはかなり離れてしまいましたが、いくつかの効果的な瞑想法が開拓できました(拙著『問題解決のための瞑想法』マキノ出版参照）。

さて、それではどうして親子の葛藤の解消が難しいか、どういう工夫をするとうまくいくかについてお話ししましょう。

根本的な要因は、冒頭で述べた「愛」です。不思議なことに、親子の葛藤の強い人ほど、「愛」も深いのです。そうすると、親に対するネガティブな情動が外に出てこないように、「情動の蓋」をきつく締めたまま生きていくことになります。

赤の他人との葛藤は、12章の「天敵瞑想」で、ほとんどがうまくいきます。ところが、「情動の蓋」がきつく締まっている人は、いくら「天敵瞑想」を続けても、一向に葛藤は解消しません。まずは、「情動の蓋」を緩める工夫をしなくてはいけないのです。

ひとつの工夫は「親殺しの瞑想」という、とてもショッキングな名前を付けたことです。「では、いまから親殺しの瞑想を始めます」と聞くと、誰しもが一瞬たじろぎます。うろたえたり、拒否したりする人も多くいます。拒否は大歓迎です。「情動の蓋」を緩めるきっかけになるからです。

なぜたじろぐかというと、「親は大切にしなければいけない」、「親に対するネガティブな情動は表に出してはいけない」などという、「情動の蓋」をきつく締める動機となった信念と「親を殺す」という概念が真っ向から対立するからです。つまり、「親殺しの瞑想」という物騒な名前を乗り超えることで、すでに「情動の蓋」が少し緩みます。

「親殺し」というネーミングは、じつはユング心理学からいただきました。ユングは、世界中の神話を調べ、あらゆる神話に共通性があるのは、人間の無意識の働きを象徴的に表現しており、意識レベルの成長・発達を記述しているからだ、という説を『リビドーの変容と象徴』（1912）という本で披露しました。

神話の中の「英雄の旅立ち」というエピソードは、依存を断ち切って、独立した自我の芽生えを象徴しているというのです。安定した故郷での生活（親に依存している精神状態）を捨てて、ひとりで未知の世界へ飛び込まなければいけない、という趣旨です。

英雄は旅の途上で、ドラゴンと戦って殺します。ドラゴンは「親」を象徴しています。依存を断ち切る、ということは親の支配から脱することであり、ユングはドラゴンを殺さない限り、独立した自我が獲得できない、つまり、象徴的な「親殺し」が意識の成長には不可欠だといっております。

実際の「親殺しの瞑想」では、親を殺すようなイメージはせず、下記に示すように親をののしるだけです。物騒なのは、じつは名前だけなのです。

基本的には、12章の「天敵瞑想」と同じ方向性を持っているのですが、「情動の蓋」を開けなくてはいけないので、親を「口汚い言葉で、激しくののしる」ということをします。親が自分にしてくれたひどい仕打ちや言葉を思い出し、その時の嫌だった気分をしっかりと味わうことができれば、「情動の蓋」は緩んできます。

ひとつ注意しなければいけないことがあります。いま、まだ親が生きておられる方は、親子の葛藤の解消ワークをやっている期間中はなるべく親との接触を避けることです。言葉を交わすのも「こんちは、さよなら、季節の挨拶」にとどめ、深い対話にならないようにします。

親子の葛藤が強い、ということは、言葉を換えると「心の奥底に潜んでいる親のモンスターに支配されている」という状態です。葛藤を解消するためには、そのモンスターと対峙しなければいけません。モンスターは、たしかに昔、親との関係性の中で育ってしまったのですが、いま生きている親とはまったく別の、独立した生き物です。いま生きている親と深い対話をしてしまうと、親とモンスターがごちゃごちゃになり、葛藤の解消がうまくいきません。親がすでに亡くなっている場合には、ごちゃごちゃになる心配はなく、葛藤の解消はうまくいくでしょう。

親のモンスターはいなくなることはありませんが、その支配から逃れることはできます。

親殺しの瞑想

①マントラを唱えて軽い瞑想に入ります（12章、「天敵瞑想」②参照）

②なるべく若い頃の親の顔をしっかりと思い出す。

③親が自分にしてくれたひどい仕打ち、心ない言葉をしっかりと思い出す（できれば事前に紙に書いておくとよい）。その時の嫌な情動をしっかりと感じ

る。

④親をののしる。できるだけ激しく、できるだけ汚い言葉を使う。声を出す必要はなく思うだけでよい。

⑤ひとしきりののしった後、静寂を保ち、親をイメージする。耳を傾け、親が何かいわないか心を傾けて聞いてみる。

⑥上記、③→④→⑤を何回か繰り返す。

⑦最後にマントラを唱えて瞑想から出てくる。

14章

メンタルモデル瞑想

4章では、人間の心の深層構造について述べました。「こうあるべきだ」という「ペルソナ」と、「こうあってはいけない」という「シャドーのモンスター」に激しく分離している構造です。13章では、心の奥底に潜む「親のモンスター」について述べました。モンスターという意味では、親だけでなく、嫌みな上司など無数に存在します。私たちのほとんどは、心の底に何百匹ものモンスターを抱え、それらに支配されて生きているのです。「モンスター」という表現は、このように「心の闇」を発生要因から記述したものです。

一方、由佐美加子は15年以上にわたって千人以上の心理セッションをこなした結果、同じ「心の闇」を、その人の行動パターンや思考の癖、心の歪みなどから分析していきました。これは、「心の闇」の塊を、発生要因とは真逆の現象面から眺めていることに相当します。

同じ物体でも表からと裏からとでは、まったく違って見えるように、「心の闇」も発生要因からの記述と現象面からの見え方には大きな違いがあります。

私は、由佐美加子の大発見だと思うのですが、現象面から「心の闇」を見ていくとわずか4つに収束するというのです。それを彼女はメンタルモデルと名付けました。モンスターで記述すると何百匹になるのに比べると、はるかに扱いやすくなります。

その4つのメンタルモデルを列挙しましょう

メンタルモデル

Ⓐ「価値なし」モデル（私には価値がない）
Ⓑ「愛なし」モデル（私は愛されない、望む愛はない）
Ⓒ「ひとりぼっち」モデル（私はこの世界で所詮ひとりぼっちだ）
Ⓓ「欠陥・欠損」モデル（私には何かが決定的に欠けている）

これらは、現象面からモンスターを眺め、わずか4つに収束することを確認し、それぞれに名前を付けた、ということです。私は当初、幼児期のつらい体験からこのようなメンタルモデルが形成されると考えていました（拙著『日本列島祈りの旅　1』

参照）。

ところが、自分史を徹底的に分析した結果、そうではなく、これは血液型と同じように持って生まれた特性であるとの確信に至りました（詳細は、由佐、天外共著『ザ・メンタルモデル』内外出版社、参照）。血液型が生まれつき、A、B、O、ABの４種に分かれるように、メンタルモデルも生まれつき、上記のⒶ、Ⓑ、Ⓒ、Ⓓの４種に分かれるようです。


メンタルモデルも、「シャドーのモンスター」のひとつの表現ですので、「怖れと不安」や「自己否定」の要因であり、いままで述べてきたことがすべて当てはまります。メンタルモデルは、それを過去の耐え難い「痛み」を伴う体験と結びつけた否定的な信念体系となっています。二度と痛みを受けることは嫌なので、その信念体系が見えないようにし、自分から切り離して、否定して、そこから逃れようと生きています。もちろん、いくら回避しようとしても、それは自分の一部なので切り離すことは不可能です。

メンタルモデルから逃れようとするエネルギーを戦いのエネルギーに変えて社会的

成功が得られることもありますが、3章で述べたように、いくら社会的成功をしても、「怖れと不安」がなくなりません。

メンタルモデルを否定して切り離そうとしないで、自分の一部であることを受け入れていくことが「実存的変容」だと表現してもいいでしょう。

本章では、メンタルモデルを直接的に統合するための瞑想法について述べます。

まずは、あなたのメンタルモデルが何かを探ってみましょう。次ページのアンケートには、28の設問があり、その右側には、「3」から「-3」までの4つの数字が並んでいます。

設問の内容が、自分に該当すると思ったときには、4つの数字全体を○で囲んでください。内容が自分に該当しないときには、スルーして何もやらないでください。4つの数字は、Ⓐ、Ⓑ、Ⓒ、Ⓓそれぞれのメンタルモデルに対応しています。最後に、○で囲まれた数字を、縦に、メンタルモデルごとに集計してください。

集計した数字が、どれかひとつのメンタルモデルが突出していたら（目途として、

2番目に大きい数字より30%以上大きい)、それがあなたのメンタルモデルです。もし1回の集計で決まらなかったら、もう一度、一つひとつの設問をよく吟味してやり直してください。天外塾で同じアンケートを2回実施したことがありますが、同じ設問に○をつけたり、つけなかったり、かなり気まぐれに回答している人が多く見られました。よくよく吟味して回答していただけると精度が上がると思います。

あなたのメンタルモデルを探るアンケート　ver1.3

あなたが、下記の各項目に当てはまると思ったら、ＡＢＣＤそれぞれの下にある４つの数字を全部○で囲んでください。当てはまらないときにはスルーです。最後に、○で囲まれた点数をＡＢＣＤ毎にそれぞれ合計してください（マイナスの数字に注意）。

	A	B	C	D
① やる気がない人、価値を出せない人が我慢できない	3	-1	1	-2
② 圧迫感があるといわれたことがある	3	1	-1	-2
③ 常に動き回っている。何かしていないと不安。さぼれない	2	-1	-1	1
④ 権威・権力を尊重する	3	-1	-3	1
⑤ 自分のコントロールに従わない人は我慢できない	2	1	-1	-2
⑥ 論理的、合理的に説明できないと気持ちが悪い	2	-1	1	-1
⑦ 誰かが自分の元から去っていくことが耐えがたい	-2	3	-2	1
⑧ 自分の奉仕に対して、相手の鈍い反応を嘆くことが多い	-2	3	0	0
⑨ 相手の不快な表情を見るのは耐えがたい	0	3	0	0
⑩ 自分の気持ちを抑えて、相手に過剰に奉仕してしまう傾向がある	1	3	0	0
⑪ 独創的な開拓者、またはユニークな表現者	1	0	2	-1
⑫ 自らの自由が制限されることは耐えがたい	0	-1	3	-2
⑬ 家族以外から強引、傲慢、自分勝手といわれたことがある	1	-1	2	-2
⑭ 直感が鋭い。アイディア豊富なひらめき型	0	-1	3	1
⑮ 心の底では「人間は面倒くさい」とひそかに思っている	-1	-1	3	0
⑯ 「自分のせいでこうなった」とひそかに自分を責めることが多い	-3	1	-2	3
⑰ 資格に支えられて、ようやく何とか仕事ができる	-2	0	-2	2
⑱ 誰にも知られないように、ひっそりと縁の下で支えている	-2	1	-1	3
⑲ 褒められる、評価されることを常に意識して行動している	2	0	-1	1
⑳ 孤独を好む。孤独に強い（ひとりきりの時間が欲しい）	0	-1	3	1
㉑ 価値あること、意味あることしかやりたくない	2	0	1	0
㉒ 人間関係が淡白（常に他人との距離を一定以上取る）	-2	-1	3	0
㉓ 攻撃的・戦士	3	0	-3	-2
㉔ 親分・子分の関係を好む	2	0	-3	1
㉕ 一匹狼（常に反主流の立場にいる）	-2	-1	2	1
㉖ いきなり人間関係や組織をバッサリ断ち切る傾向がある	-3	-1	2	-1
㉗ 「自分は駄目だ・出来損ないだ」感が強い	-2	1	0	3
㉘ 役割を与えられると安心する（自分からは手を上げない）	0	1	0	2
合計点数	＿＿	＿＿	＿＿	＿＿

合計点数がひとつだけ突出しているのが、

Aの場合、価値なし／ Bの場合、愛なし／ Cの場合、ひとりぼっち／ Dの場合、欠陥・欠損

メンタルモデル瞑想

①あなたのメンタルモデルを決める（前ページ参照）

②毎日、朝晩2回軽い瞑想に入り、自分に該当するメンタルモデルのスートラ（注：意味のある祈りの言葉をスートラ、意味のない祈りの言葉をマントラという）を108回唱える（声に出す必要はない。心の中で唱える）。回数は数珠を使うか指を折って数える。

※瞑想の入り方は、12章の「天敵瞑想」参照

※メンタルモデル・スートラは、左の表参照（スートラがふたつあるときは、どちらかぴったりくる方を採用する）」

メンタルモデル瞑想のスートラ

Ⓐ「価値なし」モデル（私には価値がない）

スートラ：①私は、ありのままの自分で、ただここに存在しているだけで十分な価値が

あると自分自身を認める。

②私は、社会的な成果を上げなくても、誰も認めてくれなくても、十分に価値ある存在だ。

Ⓑ「愛なし」モデル（私は愛されない、望む愛はない）

スートラ：私はありのままの自分で、無条件に愛し、愛されている存在だ。

Ⓒ「ひとりぼっち」モデル（私はこの世界で所詮ひとりぼっちだ）

スートラ：①私は、ありのままの自分で、すべての生命（いのち）とひとつにつながっている唯一無二の存在だ。

②私はありのままの自分で、縁ある人たちとつながり、自分らしさを大切にし、ユニークに生きてゆく。

Ⓓ「欠陥・欠損」モデル（私には何かが決定的に欠けている）

スートラ：私はいま、ありのままの自分で、凸凹のまま、安心してここにいる。

（注：スートラがふたつあるメンタルモデルは、どちらかピッタリくる方を使うこと）」

このメンタルモデル瞑想は、すでに天外塾で実施されており、大きな実績を上げています。「天敵瞑想（12章）」や「親殺しの瞑想（13章）」などは、情動が激しく動く瞑想法です。それに対して「メンタルモデル瞑想」は、情動がほとんど動きません。そのために、情動が動くことが苦手な塾生も長期間実施することができます。朝晩108回ずつ25日間、つまり合計で5000回を超えるころから、少しずつ効果が実感できるようになるでしょう。どこにどういう効果が出るかはわかりませんが、パートナーとの微妙な人間関係などをよく注意してください。

ただし、常に「天敵」が現れるほど自己否定が強い方(12章)は、「メンタルモデル瞑想」の効果は期待できません。まずは、「天敵瞑想」などで自己否定をある程度軽減してからお試しください。

15章

天外塾の概要

「天外塾」がどういう経緯で生まれたのか、その中で瞑想ワークがどうして始まったのかなどは、すでに5章、13章などで述べました。本章では、現在進行中の「天外塾」の概要をお話ししましょう。「実存的変容」をメインのターゲットにしており、日本において「人類の目覚め」をサポートする中心的な塾のひとつであると自負しております。詳細は、www.officejk.jpをご参照ください。

「天外塾」には、天外伺朗の他にも、6人の卓越した講師たちが担当するセミナーもあります。毎回、とてもレベルの高い魅力的な塾生にご参加いただいており、塾生同士の交流も盛んで、受講された方からは、「生きていく世界が一挙に広まる」というご評価をいただいております。

※「天外塾」の中で天外伺朗がひとりで担当しているセミナーは下記の5つです。

①天外塾（4〜9月、または10月〜翌年3月）
②宇宙の流れに乗る生き方塾（9〜12月）
③インナーチャイルドワーク（2〜4月）

④親子の葛藤を解消するワーク（5～7月）
⑤運力強化セミナー（8～10月）

①は、元々は経営塾としてスタートしており、塾生の変容と組織の変容との両方をサポートしております。

5種類の無記名社員アンケートが用意されており、毎月実施し、結果を持ち寄って検討します。集計結果は、社内に貼り出すかネットで公開しますが、経営者はそれに対して一切コメントしない、対策も打たない、という姿勢を保ちます。つまり行動しないのです。社員全員が組織の現状を共有し、「やらされ感」なく、自主的に組織を強化していくのをじっと辛抱強く待ちます。

一般の経営が「Doing（行動）の経営」なのに対して、天外塾でお伝えしているのは、経営者が徹底的にpassiveになる「Being（存在）の経営」です。

6カ月のセミナー期間中、塾生は「考えない」、「行動しない」、「判断しない」、「コントロールしようとしない」、そのかわりに「感じる」というトレーニングを受けます。

②は、①から組織運営の要素を取り除いたセミナーです。もっぱら塾生個人の「実存的変容」をサポートいたします。エゴが立てた目標や計画を放棄すると、「神の計画」、あるいは「宇宙の流れ」に乗れる人生になる（7章）、という「実存的変容」の基本特性が、セミナータイトルになりました。

「鳥の瞑想」は、深いイニシエーション瞑想を実施しますので、ひとりで実行しているときに比べると、はるかに鳥のイメージが定着しやすいでしょう。

「メンタルモデル瞑想」は、個別にインタビューしますので、アンケートではメンタルモデルがうまく決まらなかった塾生も、きっちりとフォローできます。

このセミナーのメインは、個々のストーリーテリングから、その人の深層心理構造の歪みを探り、それを解消するために最も適したワークを実施することです。これは、完全に一人ひとりのオーダーメイドになります。

③④⑤などは、①天外塾、②生き方塾、および後述の⑦由佐塾などの卒業生を対象とし、「実存的変容」をさらに深めるための瞑想ワークです。多くの塾生を観察した結果、この3つの方向からアプローチすることにより、ほとんどの人の葛藤が解消し

ていけることがわかりました。

③は、幼児期にうけたトラウマを解消するためのワークです。13章で述べたように、あらゆる人が親子の葛藤の影響下にありますが、それは同時に幼児期に必ずトラウマを負っていることを意味します。インナーチャイルドというのは、トラウマを負ったときの悲しく、しおれている幼い自分が、そのままの姿で、心の底に凍り付いていることをいいます。これは、それを発見して癒すワークです。トラウマがきついと思い出せない人も多いのですが、それを身体感覚からアプローチするフォーカシング(ジェンドリンによる）などの手法も入れています。

④は、13章で概略の説明をした、親子の葛藤に本格的に取り組むワークです。「親殺しの瞑想」は誘導瞑想により、自らが親の視点で見る人格交代など、迫力ある展開になります。そのほかに、「内観瞑想」や「リバーシング（生まれ直し）ワーク」などを導入しております。

⑤のタイトルの「運力」というのは、運が良くなる力ではなく、自らの運命をマネージする力のことです。2019年12月に亡くなった、精神世界の巨人ラム・ダスが開発した「死の瞑想」ワーク、「真我」を3つの要素に分け、それぞれを誘導瞑想でたどるワーク、インディアンの長老から授かった「感謝の祈り」ワークなどを含みます。

※外部からの講師は6人お願いしておりますが、まずそのうちのふたりをご紹介いたしましょう。

⑥横田塾（1〜3月）

第1回ホワイト企業大賞を受賞されたネッツトヨタ南国の創業者、横田英毅さんは、人間性を徹底的に追及した経営を開拓された先駆者として業界でよく知られておりま す。1980年の創業以来、社員の幸福、働きがい、人間的成長を経営の柱とし、「教えない、叱らない、やらせない」をモットーに卓越した社風を熟成されてきました。もちろん業績もトップクラスです。一つひとつの工夫はとてもユニークですが、深い人間理解とフィロソフィーに裏付けされております。わずか3カ月のセミナーですが、人間観が変わると評判です。

⑦由佐塾（3〜7月）

すでに14章でご紹介した由佐美加子さんは、いままでの心理学の常識を根本から覆す、「メンタルモデル」をはじめとする多くの発見をされています。塾生がいま経験している「不本意な現実」から、機関銃のように質問を発して深層心理の歪みをひも解いていく鋭さは、誰の追随も許しません。このセミナーは人気が高く、募集するとすぐに満席になってしまいます。

※以上の7つのセミナーは、もっぱら個人の変容に焦点を当てていました。それに対して下記の4つのセミナーは、個人の変容より、むしろ「ティールの時代」への展望、世界観に焦点を当てております。

⑧嘉村塾「ティール型組織運営：基礎編」1〜3月

⑨新井塾「共感通貨が切り拓く新しい社会」4〜6月

⑩武井塾「自然経営」7〜9月
⑪木村・天外塾「ティール時代の教育と子育て」9〜12月

⑧嘉村塾

2018年に、F・ラルー『ティール組織』(英治出版)が出版され大ヒットしました。その本の解説を書いておられる嘉村賢州さんは、日本における「ティール組織」の最高権威です。2019年9月には、F・ラルーを日本に招いて「ティール・ジャーニー・キャンパス」という大きなイベントを開催し、嘉村さんは彼から日本における唯一の「ティールのソース」の指名を受けました。「ソース」というのは「スピ系」では、あらゆる情報がある「宇宙の源」という意味です。F・ラルーがどういう意図でこの言葉を使ったかわかりませんが、嘉村さんに対する期待の高さがうかがえます。

⑨新井塾

新井和宏さんは、外資系の投資銀行で「金が金を生む」資本主義に疑問を感じ、収益性だけでなく「いい会社」かどうかを評価基準にした「鎌倉投信」を仲間と設立し、共感的に投資することで抜群の投資実績を上げてこられました。２０１８年には鎌倉投信を退社、「(株) ｅｕｍｏ」を設立され、「共感」をベースにした通貨を新たに設計して流通させることにより、いまの資本主義の問題点を解決していこうという挑戦をはじめられました。

天外は、同じように地域通貨で企業連合を作り、独立した経済圏を確立する構想を温めていました。このセミナーは、次世代の社会をいかに設計するか、という野心的な挑戦です。

⑩武井塾

武井浩三さんは、『ティール組織』が出版される11年も前から、(株) ダイヤモンドメディア（第3回ホワイト企業大賞受賞）を設立され、この新しい経営を世界に先駆けて開拓されてきました。

２０１９年9月には、前年の第1回武井塾の内容を中心に、『自然経営　ダイヤモンドメディアが開拓した新しいティール組織』（武井、天外共著、内外出版社）が上梓されました。

武井さんはダイヤモンドメディアを退社後、２０１９年11月から、(株）ｅｕｍｏに参加され、新井さんと一緒に次世代社会の設計に取り組んでおられます。武井塾の内容もそちらにシフトしていくと思われます。

⑪木村・天外塾

本書で述べてきたように、いま世界は「実存的変容」の大きな波が押し寄せてきております。この波の前後では、社会の常識が変わり、体制も大きく変容するでしょう。シュタイナーやモンテッソーリから約１００年、サドベリーからでも、もう50年以上経過しております。いずれも、この波がまだ見えてくる前の教育です。いま、この波の姿が次第にはっきり見えてきた時点で、まったく新しい教育を樹立する必要性を感じました。

そのため、シェアリング・エコノミーなどの「ティール時代」のカルチャーにどっぷりつかっておられる、若手の教育研究家、木村智浩さんを講師にお招きして、新時代の教育を開拓するセミナーを企画しました。

むすび

いま、人類社会全体に、ひたひたと押し寄せてきている「実存的変容」という大きな波にいかにして乗るかを、「小さな一歩（第1部）」と「本格的な修行（第2部）」の両面からお話してきました。

変容の中身(巻末資料2)に関しては、「スピ系」と「学問系」とでほとんど同じであり、それを「人類の目覚め」と呼びました。しかしながら、状況の説明は、両者で大きく異なります。

「スピ系」では、「地球の次元上昇」、「アセンション」などと表現し、運命的に人類がこの波に遭遇している、と説いています。

「学問系」では、確かに大きなステップだが、これは太古の昔から人類が歩んでいる自然な進化の一環で、変容後もまだ「個のレベル」であり、「超個(トランスパーソナル)」の領域に人類全体が入っていくのは、まだ先だと説いています。

これをお読みの読者の中にも、「チャネリング能力」など「超個のレベル」の能力を獲得しておられる方がおられると思います。そういう方には、人類全体がもう「超個のレベル」に突入しようとしているという「アセンション」の方が、耳障りがいいでしょう。

しかしながらよく観察すると、PCでいえばアプリに相当する「能力」に関しては「超個のレベル」に達しているのに、OSに相当する「主軸的発達段階（人間としての土台の発達レベル）」は、まだ「実存的変容」を超えていない方を、とても多くお見かけします（巻末資料1）。

OSで処理できないアプリを獲得する、つまり、人間としての土台がまだ幼いのに「超個のレベル」の能力を獲得すると、「SE(Spiritual Emergency)＝魂の危機」と呼ばれるとても不安定な状態に陥ることを、トランスパーソナル心理学は教えています（巻末資料1）。

また、「超個のレベル」の能力を獲得し、「自分はすごいレベルに達したんだ！」と思い上がると、「魂の膨張（インフレーション）」という状態になり、統合失調症に移行する危険性があることを、すでに100年も前に心理学者のユングが指摘しています（巻末資料1）。

本書は、読者の皆様が、なろうことなら「魂の危機」にも「魂の膨張」にもならず、足が地についた状態で、順調に「実存的変容」を超えていただきたいと願って書きました。

「スピ系」のリーダーたちは、しばしば変容のための方法論として、「ネガティブな感情をイメージして外す」ワークを指導しております（2章）。どのくらいの人が変容できているかは知りませんし、最近では、時代が進んで、この方法論でも変容できる可能性も否定はしません。しかしながら、古典的な深層心理学の知見からいうと、これは大きな問題をはらんでいます。

2章で述べたように、溺れている人に「力を抜けば、浮くよ」といくら真実を教えても、「水が怖い」という心の奥底の信念は消えません。意識して「ネガティブな感情」を外そうとしても、なかなか外れるものではない、というのが深層心理学の教えです。

もうひとつの問題は、「ネガティブな感情をはずす」というワークは、「ネガティブな感情はよくない」という前提に立っており、そういう信念を強化する方向性を持っています。1章で述べた「いい・悪い」の判断に陥りやすく、かえって「分離」を強めてしまう、という深層心理学の教えもあります。

本人は「ネガティブな感情」を外しているつもりでも、実際には心の奥底に押し込めてモンスター化してしまう危険性があるのです。首尾よく変容できる人もいるでしょうが、中にはモンスター化してかえって「分離」がひどくなる人も出てくるでしょう。

「スピ系」のリーダーについて長い年月ワークを実践し、本人はネガティブな感情がすっかり外れていると信じているのに、まったく外れていない人も時折見受けます。

もちろん、時代は刻々と変化しており、100年前の深層心理学の知見にいつまでもしがみついている必要はありませんが、大勢の人の中には、この方法論でむしろ「分離」を強化してしまう人は確実に出てくるでしょう。

基本的に、「ネガティブな感情」も自分の一部であり、それを切り離して捨てるのではなく、むしろ自分の中に取り込んでいくのが「統合」への近道です。

本書の第1部は、そういう古典的な深層心理学の知見に忠実に、ワークを設計いたしました。いずれも指導者がいなくても、簡単に実行できるワークですので是非お試しください。いまの時代、この簡単なワークだけでも「実存的変容」の入り口に向かえる人もかなりいるでしょう。

第2部は、さらに「実存的変容」を深めたい人のために、天外塾で実施しているちょっとヘビーな瞑想ワークについて述べました。いずれも素晴らしい実績がある有効なワークです。

さらに意識の変容を進めたい方は、ぜひ天外塾の門をたたいてください。15章はその紹介です。

本書は、実際にワークをして、「実存的変容」へ向かいたい人のための、徹底的な実用書としてまとめました。したがって、「学問系」のバックボーンになっている、人間の意識の成長・発達に関する理論や「実存的変容」が深まった人の特徴などは巻末資料に回しました。
理論や原理に興味がある方は、さらに下記の2冊の本をご参照ください。
※由佐美加子、天外伺朗『ザ・メンタルモデル　痛みの分離から統合に向かう人の進化のテクノロジー』（内外出版社、２０１９年8月）
※天外伺朗『実存的変容　人類が目覚め「ティールの時代」が来る』（内外出版社、２０１９年10月）

巻末資料 1

人間の意識の成長・発達のサイクル

私たちは、おぎゃあと生まれ、身体はすくすくと成長して大人になり、やがて老いて死んでいきますね。身体の成長のように目には見えませんが、まったく同じように意識も成長していきます。

幼少期の意識の発達に関しては、「発達心理学」という学問が、大人になった時の意識レベルに関しては、「自我心理学」や「深層心理学」が解き明かしてきました。古典的な心理学は、そこまでしか扱いませんでしたが、近年、「トランスパーソナル心理学」や「インテグラル理論」が、自我のレベルを超えて、仏教でいう「悟り」の境地まで視野に入れて発達論を展開しています。

ここでは、それらを参考に、人間の意識の成長・発達の様子を見ていきましょう。

188ページの図は、K・ウイルバーが『アートマン・プロジェクト』（10P、1997年、原著は1980年）で提案した意識の成長・発達モデル（K・WⅡ）をベースに天外が大幅に改訂したものです。

このK・WⅡというモデルは、実際に観察される意識の発達とはかなり違うという批判が起こり、彼はその後使っていません。その批判に応えるため、K・ウイルバーは発達の階層構造を全人的に議論するのではなく、12の細かい発達領域（ライン＝たとえば、認知機能、心の知性、倫理的知性、身体的知性、精神的知性……など）にわけ、それぞれの領域ごとに異なる発達段階をたどるという主張に替えました。

K・ウイルバーはその後、個人の内面・外面、社会（人間集団・組織）の内面・外面などの4つの象限が相互に大きく影響しあっていることから、そのひとつだけにとらわれるのではなく、四象限を同時に検討すべきだ、と主張しました。そのひとつの成果が、F・ラルー『ティール組織』だといえるでしょう。K・ウイルバーは、これと上記の領域別発達モデルと合わせて「インテグラル理論」として壮大な構図の体系化をはかりました。

たしかに、実際に宗教的な修行者などを観察すると、ある領域はものすごく発達したのに、他の領域は未発達、ということはよく起こっており、領域別発達モデルは妥当性があります。

しかしながら私は、12の領域を均等に見るK・ウイルバーの説を少し発展させて、PCでいうならばOSとアプリにわけて考えています。OSに相当するのが、その人の人間的な土台である主軸的発達段階であり、一方で、チャネリング(何者か見えない存在とつながって、未知の情報を獲得する)能力、法力(祈祷で病気を治すなどの宗教的力)、超能力などといった個別の能力がアプリに相当します。

「超個」のレベルに相当するアプリを獲得したからといって、その人のOSに相当する主軸的発達段階が「超個」に達したわけではないのです。OSではハンドリングできないアプリを獲得すると、「魂の危機=Spiritual Emergency(S・グロフ)」が到来し、統合失調症と同様な症状が現れます。そのOS(主軸的発達段階)を論じるときに、K・WⅡはとても都合がよいので、復活させました。

もうひとつK・WⅡを採用した理由は、「初期自我」、「中期自我」、「後期自我」、「成熟した自我」の範囲に限れば、これはK・ウイルバーの学説というよりは、フロイト、ユングなどの古典的深層心理学そのものであり、すでに定説になっているからです。また、「超自我」、「依存」、「シャドー」などの深層心理学的メカニズムにより個人の意識の発達を説明できるという利点があります。

この図の「初期自我」、「中期自我」、「後期自我」、「成熟した自我」などは、R・キーガンの成人発達理論の発達段階2(利己的段階・道具主義的段階)、発達段階3(他者依存段階・慣習的段階)、発達段階4(自己主導段階)、発達段階5(自己受容・相互発達段階)などと、それぞれ、ほぼピッタリ対応しております。おそらく、R・キーガンもK・WⅡをベースにしたと私は見ています。

『ティール組織』やスパイラル・ダイナミクスも基本的にはK・WⅡがベースになっていますが、段階の数を少し増やしております。図で点線に囲まれた「グリーン」がそれです。

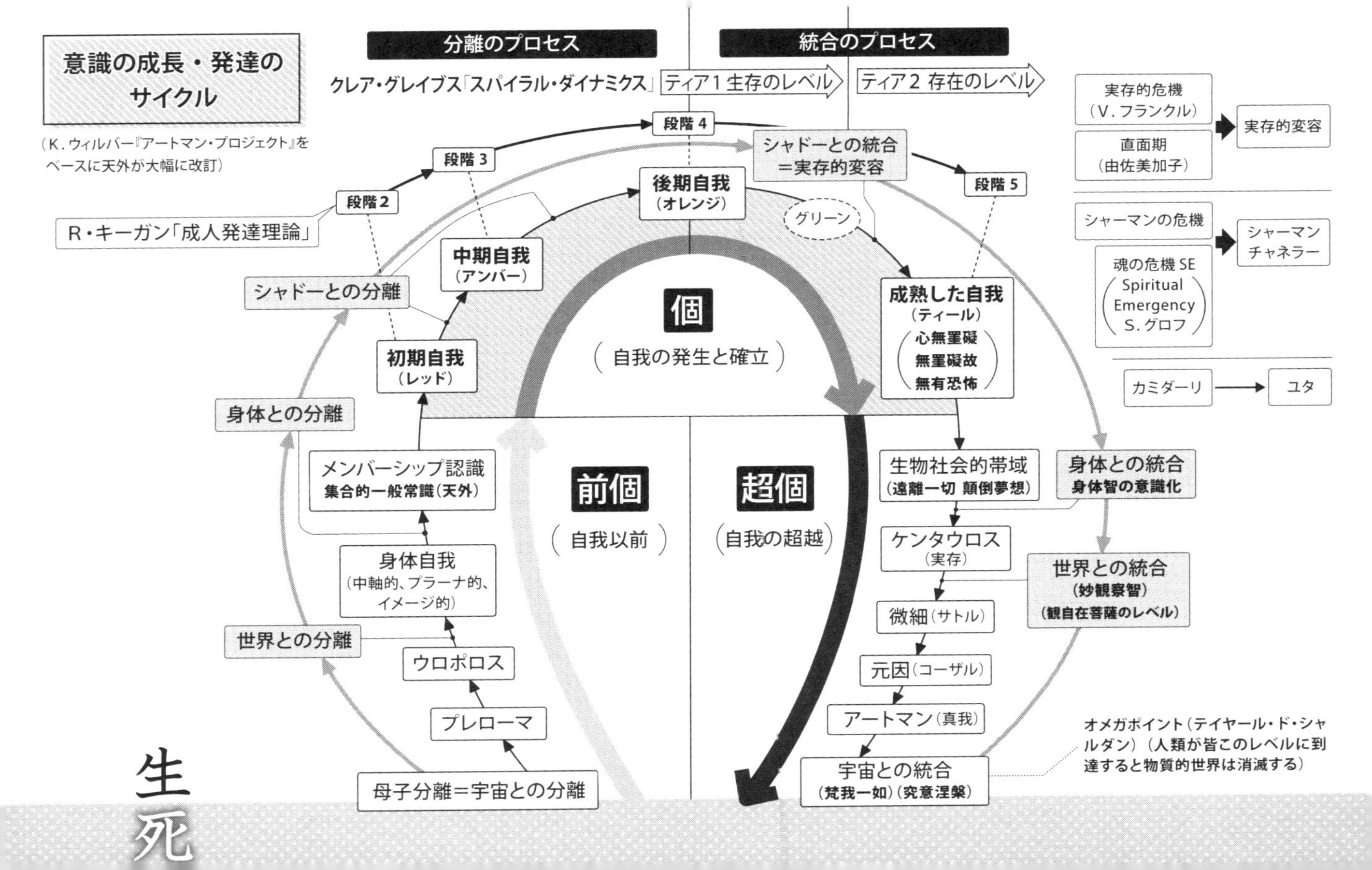

意識の成長・発達のサイクル
（K.ウィルバー『アートマン・プロジェクト』をベースに天外が大幅に改訂）
分離のプロセス
統合のプロセス
クレア・グレイブス「スパイラル・ダイナミクス」
ティア1 生存のレベル
ティア2 存在のレベル
R・キーガン「成人発達理論」
段階2
段階3
段階4
段階5
シャドーとの分離
身体との分離
世界との分離
母子分離＝宇宙との分離
プレローマ
ウロボロス
身体自我
（中軸的、プラーナ的、イメージ的）
メンバーシップ認識
集合的一般常識（天外）
初期自我
（レッド）
中期自我
（アンバー）
後期自我
（オレンジ）
グリーン
シャドーとの統合
＝実存的変容
成熟した自我
（ティール）
心無罣礙
無罣礙故
無有恐怖
個
（自我の発生と確立）
前個
（自我以前）
超個
（自我の超越）
生物社会的帯域
（遠離一切 顛倒夢想）
ケンタウロス
（実存）
微細（サトル）
元因（コーザル）
アートマン（真我）
宇宙との統合
（梵我一如）（究意涅槃）
身体との統合
身体智の意識化
世界との統合
（妙観察智）
（観自在菩薩のレベル）
オメガポイント（テイヤール・ド・シャルダン）（人類が皆このレベルに到達すると物質的世界は消滅する）
実存的危機
（V.フランクル）
直面期
（由佐美加子）
実存的変容
シャーマンの危機
魂の危機 SE
（Spiritual Emergency S.グロフ）
シャーマン
チャネラー
カミダーリ
ユタ
生
死

さて、それでは図に沿って意識の成長・発達のサイクルを見ていきましょう。その前半は、「分離」することが成長であり、後半になると次々と「統合」していくことになります。

①宇宙との分離

胎児にとっては、母親の胎内が宇宙のすべてです。母子分離は宇宙との分離であり、それによりバーストラウマ（2章）が発生します。バーストラウマはあらゆる分離感覚の源であり、人生におけるあらゆる苦しみの要因だといわれています。

②世界との分離

幼児は見えている範囲が世界だと認識しており、隠れるという概念がありません。「いないいない・ばあ」で幼児がキャッキャッと喜ぶのは、相手が世界から消えて、また突然出てくるからです。やがて幼児は「いないいない・ばあ」では喜ばなくなるので、世界と分離したことがわかります。

③身体との分離

3歳くらいから第1反抗期が始まります。これは自我の芽生えですが、当初の自我は身体と分離していません（身体自我）。身体から分離した自我が発生する以前の領域を「前個」のレベルといいます。大人と同じように身体から分離した自我を獲得すると、自らの身体を客観的に眺められるようになります。

④メンバーシップ認識

3〜5歳で、幼児はその社会が共通して持っている認識様式に参加していきます。私たちは、いまの日本社会とアフリカのマサイ族とで、人間が世界を認識する様式は変わらない、と思っています。ところが研究者たちは、そうではなく、それぞれの社会に固有の認識様式があり、幼児は無意識のうちにそれに参加していくのだ、と説いています。

たとえば、いまの日本社会では何か物があればその後ろは見えないのが常識ですが、ＬＳＤセッションをやるとそれが見えてしまうことがあります。あるいは、ランナーズハイや瞑想の「目撃の体験」では、自分の姿を斜め後方から見てしまうことがあります。人によっては、はるかかなたの様子を手に取るように見ることもあります（Remote Viewing）。どうやら人間は、眼球と視神経以外のメカニズムでも「見る」ことができるようです（科学的な説明はできません）。そういう能力まで含めると、人間本来の認識様式は、私たちの常識をはるかに超えた可能性があるのです。

これだけ人の行き来が多い日本社会とアメリカ社会も、細かく見ていくと認識様式が違います。たとえば、22口径のピストルで撃たれた時、アメリカでは頭か心臓に当たらない限り、まず死にませんが、日本では結構死ぬそうです。これを私は、「集合的一般常識」という概念で説明しています（拙著『無分別智医療の時代へ』内外出版社）。ピストルに撃たれると死ぬ、という常識が現実化してしまうのです。

真実に基づいて常識が生まれるのではなく、常識があるから、その通りの現実が起きてしまうのです。

その社会共通の認識様式に参加するということは、認識に大きな制約をもたらしますが、いわばその社会に参加するためのパスポートです。そのパスポートにより、人は楽に社会生活を営めます。

また、ほとんどの文明社会の認識様式は、仏教でいう「分別知」(物事を分離して認識する凡夫の認識様式) です。

⑤初期自我

身体から分離した最初の自我が「初期自我」です。原初的、本能的な欲求がそのまま行動に出るのが特徴です。このレベルから自我の発生と確立である「個」のレベルに突入します。

⑥中期自我

7歳くらいになると、親からのしつけなどから道徳観・倫理観を身につけ、行動を自らコントロールできるようになります。親が望む行動がとれるようになり、社会の一員に参加していきます。こみあげてくる原初的な欲求とそれをコントロールする道徳観の間で葛藤が始まります。大人の世界に対しては、被保護―服従―依存という関係性を保っています。

⑦シャドーの分離

道徳観・倫理観が確立して自らをコントロールするようになると、「こうあってはいけない」という衝動や部分人格を自動的に無意識レベルに抑圧します。それは、強力なモンスターに育っており、「シャドー」と呼ばれています。本書では「シャドーのモンスター」という呼び方をしました。

「シャドー」が強力に育ってくると、人はそれを投影して戦ったり、すべてを「正義と悪」というパターンで読み解こうとします。

⑧後期自我

12歳くらいから、反抗期などを経て、親への依存を断ち切って独立した自我を獲得していきます。理性でコントロールして「立派な社会人」を演じることができるようになります。ただし、立派な社会人を装えば装うほど、シャドーのモンスターも強力になり、「シャドーの投影」に起因する「戦いの人生」を歩むことになります。

⑨実存的変容＝シャドーの統合

いままで次々に「分離」することによって成長してきた意識が、初めて「統合」に変わるのが「実存的変容」であり、「シャドーの統合」です。統合した結果が「成熟した自我」です。このレベルに達すると「怖れと不安」がなくなりますので、般若心経でいう「心無圭礙無圭礙故無有恐怖（心にとらわれがなくなり、そのために恐怖もなくなる）」という心境になります。「初期自我」、「中期自我」、「後期自我」、「成熟した自我」の4レベルが「個」のレベル（自我の発生と確立）です。

⑩生物社会的帯域

いよいよ自我のレベルを超越して、「超個」のレベルに突入します。最初に「④メンバーシップ認識」で獲得したその社会共通の認識様式を手放します。分離の激しい社会の窮屈な認識様式を離れて、いよいよ「無分別智」に向かって一歩踏み出すことになります。しかしながら、「④メンバーシップ認識」で述べたように社会共通の認識様式はパスポートという意味もありましたので、皆が見えないものが見えたり、チャネリング能力が出てくると、生きづらさを感じるかもしれません。

社会共通の認識様式を手放すことを、般若心経では「遠離一切顚倒夢想（ひっくり返った夢のような認識から一切離れる）」といっております。究極は、肉体という革袋の中が自分なのではなく、宇宙全体が自分だという「無分別智」です。

⑪身体との統合

私たちの身体は、意識レベルでは検知できていない様々な情報をキャッチしています。手に持った物体が毒かどうか、あるいは薬が効くかどうか、どのくらいの分量を飲めばいいのか、など、すべてわかっています。それを天外は「身体智」と呼んでいます（『無分別智医療時代へ』内外出版社）。

いままでは、それを検知するために「O－リングテスト」、「ゼロサーチ」、「キネシオロジー」などの手法が必要でした。「③身体との分離」で一旦分離した身体と再び統合すると、「身体智」を直接意識レベルでわかるようになります。そうするともう、医者が診断して薬を処方する、というプロセスは不要になります。本人が、どの薬をどれくらい飲めばいいのかクリアにわかるからです。

⑫世界との統合

仏教には「妙観察智」という言葉があります。目の前のものと一体と感じられることです。一般の人には、何のことやらさっぱりわからないと思いますが、瞑想を実習していると、たとえば目の前の樹木と一体と感じるという神秘体験をすることがあります。通常はおびただしい涙にまみれます。瞑想中に一体感が得られたとしても、出てきてしまえば元に戻ってしまい、妙観察智の境地に達したわけではないのですが、日常生活でもそういう状態を保つ「妙観察智」のことを、あり得るかもしれないな、と想像することはできるようになります。

「②世界との分離」で一旦分離した世界と再び統合するということは、この妙観察智の境地に達するということです。

妙観察智は観音様（観自在菩薩）の境地です。仏教（顕教）では、菩薩というのはそれぞれに悟りに至るひとつひとつのステップを表していると説いています。

般若心経というのは、妙観察智のレベルまで達した観音様が、さらに修行して究極の悟り（究境涅槃）に達する、というお経です。まずは、妙観察智のレベルに達しないと次に行けない、というのが仏教の教えです。

⑬宇宙との統合

仏教には「究境涅槃」（究極の悟り）、ヒンズー教には「梵我一如（ぼんがいちにょ）」という言葉があります。梵というのは「ブラフマン（宇宙の究極的原理）」、我というのは11章で説明した「真我（アートマン）」のことです。最終的には自分が宇宙そのものだ、ということを実感するようです。この段階に達した人が「無分別智」を体現するのでしょう。

なお、テイヤール・ド・シャルダンというフランスの哲学者は、人類が全員このレベルに達するとこの物質的な宇宙は消滅するといい、それを「オメガポイント」と呼んでいます。

⑭実存的危機

アウシュビッツの体験を書いた『夜と霧』で有名な心理学者のヴィクトール・フランクル（１９０５－１９９７）は、地位も名誉も収入もある成功者が、ときに「自分は何者で、人生の目的は何か」という根源的な問題に真剣に悩み始めることを発見し、

「実存的危機（精神因性神経症）」と名付けました。

後にこれは「実存的変容」のための大切な前奏曲であることがわかりました。彼は、心理学者であるため精神的な危機のみに着目しましたが、実際には本人の身体、心、家族関係、社会的人間関係、社会的地位、などの複数の領域に危機が訪れます。

由佐美加子は、同じ内容を「直面期」と呼んでいます（14章）。自分軸を見失って、親の期待や世間の要望に必死に適合して生きてきたのが限界に達して、様々なトラブルとして降りかかってくる、と解釈しています。この危機をしっかり意識できれば、スムースに乗り切ることができるでしょう。

⑮シャーマンの危機

沖縄のシャーマンであるユタは、カミダーリと呼ばれる霊的な危機を経て成長することが知られています。

トランスパーソナル心理学の創始者のひとりS・グロフは、このような現象を「SE（Spiritual Emergency）＝魂の危機」と呼んでいます。一般に、「主軸的発達段階」が未成熟なまま、「超個」のレベルの能力が身についてしまうとSEに陥ります。多くの場合、透視能力やテレパシーなど超能力に類する力が身につき、動物が寄って来たりしますが、「主軸的発達段階」が未成熟なので、単に精神のバランスが崩れているだけです。新興宗教の教祖の多くは、このSEの状態にあるので注意が必要です。

ユングは、SE状態で超能力が身についた時、自分がすごいレベルに達したと錯覚することを「魂の膨張（インフレーション）」と呼び、精神分裂病（統合失調症）になる危険性が高いと警告しています。

「シャーマンの危機」と「実存的危機」を混同する人もいますが、私は別物として区別しています。

巻末資料 2

「実存的変容」が深まった人の特徴

①むやみに「戦い」を仕掛けない。「戦い」は闘争だけでなく、立身出世のための戦い、名誉・名声・お金を得るための戦いも含む。

②むやみに「目標」や「夢」を設定して、それを追いかけない。

③むやみに「聖人」にあこがれない。

④むやみに「いい人」、「強い人」、「立派な社会人」のふりをしない。装わない。格好つけない。素の状態、裸で生きている。

⑤自分の弱さや欠点をさらすことに抵抗感がない(常識的にはネガティブに見える側面も含めて自己受容している)。

⑥むやみに人を批判しない。

⑦むやみに「美しい物語」にあこがれない。むやみに理想を追わない。

⑧秩序のない混沌（カオス）の中にいても居心地の悪さを感じない。むやみに整理された秩序を求めない。
⑨発生した出来事や世の中の現象などに対して、論理的で美しい説明や理由付けをむやみに求めない。出来事や現象が、ただ「ある」ことを認める。
⑩むやみに「いい・悪い」の判断をしない。起きた出来事や結果、自分や他人の行為、自分や他人そのものなどに対して、ありのままを受け取り、判断を保留する。
⑪いかなる結果が出ようとも、それを淡々と受け入れる。
⑫物事を「正義vs悪」のパターンで読み解こうとはしない。「正義」を振りかざして「悪」を糾弾しようとはしない。自分や他人やお互いに対立をする人たち、あるいは組織、国家などに対して……。
⑬むやみに「善人」と「悪人」を切り分けない。世の中に「悪人」とレッテルを張れるような人は存在しておらず、抱えている葛藤の重さが違うだけだ、と認識している。
⑭むやみに「正・誤」を判別しない。誤を切り捨てないで、その中に潜む叡智を探す。
⑮むやみに自分と人、あるいは他人同士を比較しようとはしない。人は一人ひとり、

存在しているだけで十分に価値があることを実感として把握している。

⑯むやみに「コントロールしよう」とはしない。他人も自分も組織も世論も……。説得して他人の意見を変えようとはしない。したがって「社会を変えよう」というインテンションはなくなる。

⑰恋愛は、激しく燃え上がらず、静かな感じになる。パートナーに対して、独占欲や嫉妬心が希薄になる。

⑱あらゆる場面で「無条件の愛」が発揮される。

⑲自分とは異なる意見、思想、価値観、文化の人と一緒にいても居心地の悪さを感じない。

⑳他人の問題行為、わがままな行為、エゴむき出しの行為に対して、むやみに嫌悪感を抱かない。

㉑むやみに「自己顕示欲」むきだしの言動に走らない。自らの「自己顕示欲」の存在をしっかり把握している。

㉒自分自身、起きている出来事、他人との関係などを、客観的に遠くから見る視点を確保している（メタ認知）。

㉓他人や社会が、自分や自分の言動をどう見るかを、むやみに気にしない。自分をまげて、他人や社会に無理やり合わせたり、おもねたりしない。常に自分自身であり続ける。

㉔むやみに過去を悔やまず、未来を思い煩わない。

㉕自らをあけわたし、宇宙の流れに乗ることができる。傍から見ると、やたらに運が良いように見える。

天外 伺朗（てんげ・しろう）

工学博士(東北大学)、名誉博士(エジンバラ大学)。1964年、東京工業大学電子工学科卒業後、42年間ソニーに勤務。上席常務を経て、ソニー•インテリジェンス•ダイナミクス研究所(株)所長兼社長などを歴任。現在、ホロトロピック・ネットワークを主宰、医療改革や教育改革に携わり、瞑想や断食を指導し、また「天外塾」という企業経営者のためのセミナーを開いている。著書に、『ザ・メンタルモデル』『自然経営』『実存的変容』『幸福学×経営学』『人間性尊重型大家族主義経営』『無分別智医療の時代へ』（いずれも内外出版社）など多数。

「人類の目覚め」へのガイドブック

発行日　2020 年 4 月 2 日　第1刷
著　者　天外 伺朗
発行者　清田 名人
発行所　株式会社 内外出版社
〒 110-8578　東京都台東区東上野 2-1-11
電話 03-5830-0237（編集部）
電話 03-5830-0368（企画販売局）
印刷・製本　中央精版印刷株式会社

ISBN 978-4-86257-512-8